"ධම්මෝ හි වාසෙට්ඨා, සෙට්ඨෝ ජනේතස්මිං
දිට්ඨේ චේව ධම්මේ, අභිසම්පරායේ ච."

වාසෙට්ඨයෙනි, මෙලොවෙහි ත්, පරලොවෙහි ත්
ජනයා අතර ධර්මය ම ශ්‍රේෂ්ඨ වෙයි !

– අග්ගඤ්ඤ සූත්‍රය – භාග්‍යවත් බුදුරජාණන් වහන්සේ

නුවණ වැඩෙන බෝසත් කථා - 29

ජාතක පොත් වහන්සේ

(අබ්භන්තර වර්ගය)

පූජ්‍ය කිරිබත්ගොඩ ඤාණානන්ද ස්වාමීන් වහන්සේ

© සියලුම හිමිකම් ඇවිරිණි.

ISBN : 978-955-687-148-7

ප්‍රථම මුද්‍රණය : ශ්‍රී බු.ව. 2561 ක් වූ දුරුතු මස පුන් පොහෝ දින

සම්පාදනය : මහමෙව්නාව භාවනා අසපුව
වඩුවාව, යටිගල්ඔළුව, පොල්ගහවෙල.
දුර : 037 2244602
info@mahamevnawa.lk | www.mahamevnawa.lk

පරිගණක අකුරු සැකසුම, පිටකවර නිර්මාණය සහ ප්‍රකාශනය :
මහාමේඝ ප්‍රකාශකයෝ
වඩුවාව, යටිගල්ඔළුව, පොල්ගහවෙල.
දුර : 037 2053300, 076 8255703
mahameghapublishers@gmail.com

මුද්‍රණය : තරංජි ප්‍රින්ට්ස්,
506, හයිලෙවල් පාර, නාවින්න, මහරගම.
ටෙලි: 011-2801308 / 011-5555265

නුවණ වැඩෙන
බෝසත් කථා - 29
ජාතක පොත් වහන්සේ
(අබ්භන්තර වර්ගය)

සරල සිංහල පරිවර්තනය
**පූජ්‍ය කිරිබත්ගොඩ ඤාණානන්ද
ස්වාමීන් වහන්සේ**

මහාමේඝ
MAHAMEGHA
ප්‍රකාශනයකි

පෙරවදන

ජාතක පොත් වහන්සේ ඔබ කියවලා ඇති. කුඩා අවධියේත්, පාසලේදීත්, සරසවියේත්, පන්සලේ බණ මඩුවේත්, වෙසක් නාඩගමේත් අපි ජාතක කථා රස වින්දෙමු. නමුත් එහි සැබෑ අරුත කුමක් දැයි තේරුම් ගන්නට අප සමත් වූ වගක් නම් නොපෙනේ.

'නුවණ වැඩෙන බෝසත් කථා' නමින් ඒ ජාතක කථා ඔබේම භාෂාවෙන් ඔබට කියවන්නට ලැබෙන්නේ එයින් ඉස්මතු වන අරුතත් සමඟිනි. මෙහි අරුත් දැන එම කථාවත් මතක තබා ගෙන සත්පුරුෂ ගුණධර්ම දියුණු කර ගන්නට මහන්සි ගන්නේ නම් එය ජාතක කථාවෙන් ඔබට ලැබෙන සැබෑම ප්‍රතිඵලයයි.

හැම දෙනාටම තෙරුවන් සරණයි!

මෙයට,
ගෞතම බුදු සසුන තුළ මෙත් සිතින්,
පූජ්‍ය කිරිබත්ගොඩ ඤාණානන්ද ස්වාමීන් වහන්සේ
ශ්‍රී බුද්ධ වර්ෂ 2560 ක් වූ වෙසක් මස 31 දා

මහමෙව්නාව භාවනා අසපුව
වඩුවාව, යටිගල්ඔළුව,
පොල්ගහවෙල.

පටුන

29. අබ්භන්තර වර්ගය

නමෝ තස්ස භගවතෝ අරහතෝ සම්මාසම්බුද්ධස්ස
ඒ භාග්‍යවත් අර්හත් සම්මා සම්බුදුරජාණන් වහන්සේට නමස්කාර වේවා!

01. අබ්භන්තර ජාතකය

අබ්භ්‍යන්තර නමැති අඹ ගෙඩියේ කතාව

පින්වතුනේ, පින්වත් දරුවනේ,

මේ ජාතක කතාවත් හරීම ලස්සනයි. සංසාර ගමනේ සැරිසරා යද්දී ඇතැම් විට එකම උපකාරය නැවත නැවතත් කරන අවස්ථාවන් ඇති බව පේනවා.

ඒ දිනවල අපගේ භාග්‍යවතුන් වහන්සේ වැඩ වාසය කළේ සැවැත්නුවර ජේතවනයේ.

අපේ සම්බුදුරජාණන් වහන්සේ සම්බෝධිය ලබා බරණැසදී උතුම් දම්සක් පැවතුම් දේශනාව පවත්වා දෙවියන් සහිත ලෝකයාට නිවන් මග විවෘත කොට වදාළා නොවැ. එතැනින් පටන් ගත් භාග්‍යවතුන් වහන්සේගේ ධර්මචාරිකාව ක්‍රමයෙන් මුළු දඹදිව පැතිර ගියා. ශාක්‍ය ජනපදයත් අමා දහම් වැස්සෙන් නැහැවී ගියා.

භාග්‍යවතුන් වහන්සේ විශාලා මහනුවර කූටාගාර ශාලාවේ වැඩ වාසය කරද්දී මහා ප්‍රජාපතී ගෞතමිය ශාක්‍ය කුමාරිකාවන් පන්සියයකුත් සමඟ ඇවිත් භාග්‍යවතුන් වහන්සේගෙන් පැවිද්ද ඉල්ලා සිටියා. භාග්‍යවතුන් වහන්සේ මහාප්‍රජාපතී ගෞතමිය ප්‍රමුඛ ශාක්‍ය කුමාරිකාවන්ට

බුද්ධ ශාසනයේ පැවිද්දත් උපසම්පදාවත් ලබා දුන්නා. ඒ හේතුවෙන් භික්ෂුණී සංඝයා බිහිවුනා. ඊටපස්සේ දවසක ඒ පන්සියයක් භික්ෂුණීන්ට නන්දකෝවාද සූත්‍රය ඇසීම නිසා උතුම් අර්හත්වයට පත්වෙන්ට වාසනාව ලැබුනා.

අපගේ ශාස්තෘන් වහන්සේ සැවැත්නුවර වැඩ වාසය කරද්දී යශෝදරා රාහුල මාතාවෝ මෙහෙම සිතුවා.

"අනේ මගේ ස්වාමිදේවයෝ පැවිදි වෙලා සර්වඥ ශ්‍රී ලෝකනාථයන් වහන්සේ බවට පත් වුනා. මගේ පුත්‍ර රාහුලභද්‍රයෝ පැවිදි වෙලා උන්වහන්සේ ළඟ ම යි ඉන්නේ. මං මේ රජ මැදුරට හිරවෙලා මක්කරන්ට ද? මාත් පැවිදි වෙන්ට ඕනෑ. පැවිදිවෙලා සැවැත්නුවර ගොහින් ශාස්තෘන් වහන්සේවත්, මාගේ පුත්‍ර රාහුලභද්‍රයන්වත් නිබඳව දකිමින් වාසය කරන්ට ඕනෑ."

ඉතින් මෙහෙම සිතුව රාහුලමාතාවෝ මෙහෙණ අසපුවකට ගියා. පැවිදිව භික්ෂුණියක් බවට පත් වුනා. ආචාර්ය - උපාධ්‍යාය භික්ෂුණීන් සමඟ සැවැත්නුවර වැඩියා. ශාස්තෘන් වහන්සේවත් ප්‍රිය පුත්‍ර රත්නයත් දකින්ට ඇහැක් විදිහට ජේතවනරාමය අසල පිහිටි එක්තරා මෙහෙණ අසපුවක වාසය කළා.

රාහුල සාමණේරයෝත් මෙහෙණ අසපුවට ගොහින් මව් භික්ෂුණියව දකිනවා. දවසක් රාහුල සාමණේරයෝ සිය මව් භික්ෂුණිය බලන්ට ඇවිත් පණිවිඩයක් යැව්වා රාහුලයන් ඇවිත් ඉන්නවා ය කියලා. එතකොට භික්ෂුණියක් මෙහෙම කිව්වා.

"පින්වත් රාහුලයන් වහන්ස, රාහුලමාතා භික්ෂුණියට ඇඳෙන් නැගිට ගන්ට ආමාරුයි. ඇට බඩේ

රුජාවක් හැදිලා. වාතේ කිපීමක් වෙලා තියෙන්නේ. පින්වතුන් වහන්සේ වඩින්ට. මං රාහුලමාතා භික්ෂුණිය ළඟට කැඳවාගෙන යන්නම්."

එතකොට කුඩා රාහුල සාමණේරයෝ සිය මෑණියන් දකින්ට ගියා. "පින්වත් මෑණියනි, ඔය අසනීපයට මොන වගේ බෙහෙතක් ද ගන්ට වටින්නේ?"

"අනේ පුත්‍රයාණෙනි, ඔයාට මතකද, ගෙදරදිත් මට මේ අසනීපය හැදිලා තියෙනවා. එතකොට හකුරු රසය යෙදූ අඹ යුෂ ටිකක් පානය කළ ගමන් මේ බඩේ රුජාව සංසිඳෙනවා."

"හොඳයි මෑණියෙනි, මට ලැබුනොත් අරගෙන වඩින්නම් කෝ" කියා රාහුලභද්‍රයෝ එතනින් පිටත්ව ගියා. මේ රාහුලභද්‍රයන්ගේ පියා අපගේ ශාස්තෘන් වහන්සේ. සුළු පියා අපගේ ආනන්දයන් වහන්සේ. උපාධ්‍යායවරයාණන් අපගේ ධර්මසේනාධිපතීන් වහන්සේ. ආචාර්යවරයාණන් අපගේ මහා මොග්ගල්ලානයන් වහන්සේ. මෙහෙම තියෙද්දිත් අපගේ රාහුලභද්‍රයෝ වෙනත් කෙනෙකු ගාවට නොගිහින් තමන්ගේ උපාධ්‍යායන් වූ ධර්ම සේනාධිපතීන් වහන්සේ ළඟට ගිහින් වන්දනා කොට එකත්පස්ව වාඩිවෙලා මහා දුකට පත් වූ මුහුණින් බිම බලාගෙන සිටියා.

"ඇයි රාහුලයෙනි, මොකද මහා දුකකින් වගේ අසරණ බවකින් ඉන්නේ?" කියා අපගේ සාරිපුත්තයන් වහන්සේ අසා වදාළා.

"අනේ ස්වාමීනී, මගේ මව් තෙරණින් වහන්සේට අසනීපයි. වාතේ කිපිලාලු. බඩේ රුජාවෙකින් පෙළෙනවා."

"ඒ අසනීපයට මොන වගේ දෙයක් ලැබුනොත් ද වටින්නේ?"

"සකුරු යෙදූ අඹ යුෂ ටිකක් වළඳින්ට ලැබුනොත් සනීප වේවි කිව්වා."

"එය එසේම වේවා රාහුලයෙනි. ඔය ගැන වැඩිය නොසිතා ඉන්න" කියා අපගේ ධර්මසේනාධිපතීන් වහන්සේ රාහුල සාමණේරයන්ව සැනසුවා. පසුවදා සාරිපුත්තයන් වහන්සේ රාහුලභද්‍රයන් සමඟ සැවැත්නුවරට පිඬු සිඟා වැඩියා. රාහුලයන්ව ආසන ශාලාවේ වාඩිකරවා උන්වහන්සේ රජමැදුරට වැඩියා.

කොසොල් මහරජු අපගේ මහතෙරුන් වහන්සේට වැඩ හිඳින්ට සැලැස්සුවා. ඒ මොහොතේ ම උයන්පල්ලා හොඳ අගේට ඉදීගිය මිහිරි අඹ පොකුරක් මල්ලක දමා ගෙනැවිත් රජ්ජුරුවන්ට දුන්නා. රජ්ජුරුවෝ ඒ සුවඳ හමන මිහිරි අඹඵල ලෙලි ඉවත්කොට එයට සකුරු දමා තමන්ගේ අතින් ම මිරිකාගත් අඹයුෂ තෙරුන් වහන්සේගේ පාත්‍රය පුරවා පූජා කරගත්තා. එය රැගත් අපගේ තෙරණුවෝ කෙලින් ම ආසන ශාලාවට වැඩලා රාහුලභද්‍රයන්ගේ අතට දුන්නා "දැන් රාහුලයෙනි, මේ අඹයුෂ ගෙනිහිං මෑණියන්ට දෙන්ට" කියලා.

රාහුල සාමණේරයෝ මහත් සතුටින් මෙහෙණ අසපුවට ගෙනගොස් යශෝදරා භික්ෂුණියට වළඳින්ට දුන්නා. ඈ එය වැළඳූ සැණින් උදරාබාධය සංසිඳී ගියා. එදා කොසොල් රජ්ජුරුවෝත් සේවකයෙකුට කතා කොට මෙහෙම කීවා. "අද අපේ තෙරුන්නාන්සේ අඹරස වැළඳුවේ නෑ. ගොහින් බලාපන් උන්නාන්සේ එය කාටවත් දුන්නාද කියලා."

එතකොට ඒ මනුස්සයාත් තෙරුන් වහන්සේ පසුපස ගොහින් තමන් දැසින් රාහුල භද්‍රයන් අතට දීමත්, රාහුලයන් ඒ අඹයුෂ යශෝදරා භික්ෂුණියට දී ඇ සුවපත් වීමත් දැක් ඒ ගැන රජ්ජුරුවන්ට දැනුම් දුන්නා. එතකොට රජ්ජුරුවෝ මෙහෙම සිතුවා.

'හප්පේ... හරි පුදුම සිද්ධියක් නොවැ. අපගේ ශාස්තෘන් වහන්සේ පැවිදි නොවී ගිහි ගෙදර උන්නා නම් අද මේ වෙද්දී මහා චක්‍රවර්ති රාජයෙක් නොවැ. රාහුල සාමණේරයෝ පරිනායක පුත්‍ර රත්නය වෙනවා නොවැ. යශෝදරා තෙරණියෝ ස්ත්‍රී රත්නය වෙනවා නොවැ. මේ සකල සක්වලේ රාජ්‍ය නොවැ මේ ඇත්තන්ට හිමිව තිබුනේ. ඒ නිසා දැන් අපි තමා මේ ඇත්තන්ට උපස්ථාන කිරීමෙන් කටයුතු කළ යුත්තේ. දැන් පැවිදි වෙලාත් අප ගැන කරුණාවෙන් නොවැ වැඩ ඉන්නේ. අපි මේ වැනි දේ ගැන අතපසු කිරීම සුදුසු නෑ' කියලා. මෙහෙම සිතූ කෝසල නිරිඳා එදා පටන් දිගටම යශෝදරා තෙරණියට අඹයුෂ හදලා ලැබෙන්ට සැලැස්සුවා.

යශෝදරා බිම්බා දේවී තෙරණියට අපගේ සාරිපුත්තයන් වහන්සේ මැදිහත් වෙලා අඹරස ලබා දී එයින් ඇ සුවපත් වූ වග භික්ෂු සංඝයාටත් දැනගන්ට ලැබුනා.

එදා දම්සභා මණ්ඩපයේ රැස්වූ භික්ෂූන් වහන්සේලා මේ ගැන කතා කරමින් සිටියා. "බලන්ට ආයුෂ්මතුනි, අපගේ සාරිපුත්තයන් වහන්සේ මොන තරම් උපකාරයි ද? හොඳටම අසනීපෙන් සිටි බිම්බා දේවී තෙරණියට අඹ යුෂ ලැබෙන්ට සලස්වා ඇ සුවපත් කළා නොවැ" කියලා. භාග්‍යවතුන් වහන්සේ ඒ අවස්ථාවේ

එතැනට වැඩමවා වදාළා. භික්ෂූන් වහන්සේලා තමන් කතාකරමින් සිටි කරුණ භාග්‍යවතුන් වහන්සේට සැළකළා. භාග්‍යවතුන් වහන්සේ මෙසේ වදාළා. "මහණෙනි, අපගේ සාරිපුත්තයෝ මේ ආත්මේ විතරක් රාහුලමාතාවන් අඹ යුෂයෙන් සුවපත් කළා නොවෙයි. ඔයිට කලිනුත් ඇව සුවපත් කොට තියෙනවා" කියා මේ අතීත කතාව ගෙනහැර දක්වා වදාළා.

"මහණෙනි, ගොඩාක් ඉස්සර කාලෙක බ්‍රහ්මදත්ත නමින් රජ්ජුරු කෙනෙක් රාජ්‍ය කරමින් සිටියා. ඔය කාලේ මහා බෝධිසත්වයෝ කාසි ගමේ බ්‍රාහ්මණ පවුලක උපන්නා. තක්සිලා ගොහින් හොඳට ඉගෙනගෙන ඇවිත් මව්පියන්ගේ අභාවයෙන් පස්සේ ගිහි ජීවිතේ අත්හැරියා. හිමාලෙට ගොහින් ඍෂි පැවිද්දෙන් පැවිදි වුනා. ධ්‍යාන අභිඥා සමාපත්ති උපදවා ගත්තා. තවත් ඍෂිවරුන් පිරිවරාගෙන ශාස්තෘවරයෙක් ව බොහෝ කල් වනයේ වාසය කළා. ඉතින් ඔහොම කලක් ගත වුනාට පස්සේ බෝධිසත්වයෝ ලුණු ඇඹුල් සොයා කන්දෙන් පහළට බැස්සා. පිළිවෙළින් චාරිකාවේ ඇවිත් බරණැස්නුවර රාජ උද්‍යානයේ නැවතී සිටියා.

ඔය කාලේ තව්තිසාවේ ශක්‍ර පදවියට පත්ව සිටි සක් දෙවිඳුගේ භවන අර ඍෂිවරුන්ගේ සීල තේජසින් කම්පා වුනා. ඔහු කරුණු සොයා බලද්දී මේ තවුසන්ගේ සිල් තෙදින් තම භවන කම්පාවන බව වැටහුනා. "හරි... මුන්දැලාව මේ ඉන්නා තැනින් එලවා දමන්ට ඕනෑ. ඉන්ට හිටින්ට තැනක් නැතිව කරදර වෙලා ඇවිදගෙන යද්දී සමාධිය වඩන්ට ඉඩක් ලැබෙන්නේ නෑ නොවැ. එතකොට මගේ ප්‍රශ්නේ ඉවරයි! මේකට මොකාක් හරි

උපායක් කොරන්ට ඕනෑ" කියා සක් දෙවිඳු එක්තරා උපායක් යෙදුවා.

දවසක් මහා රෑ යාමේ රජ්ජුරුවන්ගේ සිරියහන් ගබඩාවේ අග්‍ර මහේෂිකාවගේ සිරියහනට උඩින් ආකාසේ සර්වාභරණයෙන් සැරසී ගිය දෙව්රජු පෙනී සිටියා. පෙනී ඉඳලා දේවීන්නාන්සේ සමඟ කතා කරමින් මේ ගාථාවන් කිව්වා.

(1) දිව්‍ය රස ඕජා ඇති ඉදීගිය අඹ ඵල වෙති
අභ්‍යන්තර නමැති රුකෙහි ඒ අඹඵල ඇති
ඒ අඹය කෑවිට ඔබේ දොළ දුක සංසිඳෙනු ඇති
එවිට සක්විති රජු වෙන
- පිනැති කුමරෙකු ඔබ වදනු ඇති

(2)

මහ පිනැති මෙහෙසියෙනි
- ඉතා සුන්දර රුව ඇති
දොළොස් දහසක් කතුනට
- අග්‍ර ඔබ ම ය රජුට ප්‍රිය ඇති
කී විට මෙය රජුට වහා
- අඹඵල ලබාදෙනු ඇති
අභ්‍යන්තර අඹය කෑ විට
- සක්විති පුතෙකු වදනු ඇති

ඉතින් එදා අහසේ පෙනී සිටිය සක්දෙවිඳු දේවීන්නාන්සේට ඔය ගාථා පවසා "ඒ නිසා පින්වත් දේවිය, අඹය වළඳින කටයුත්ත අතපසු කරන්ට එපා. කල් නොයවා හෙට ම මහරජ්ජුරුවන්ට කියන්ට" කියා නොපෙනී ගියා.

එය ඇසූ දේවිය අප්‍රමාණ සතුටට පත් වුනා. 'මං කොහෝම හරි අභ්‍යන්තර ඵලය නමැති අඹයක් වළඳින්ට ඕනෑ' කියන අදහසින් දැඩි ගිලන් බවක් දක්වා යහනේ වැතිරී සිටියා. පසුවදා සිහසුනේ වාඩිවී සිටිය රජ්ජුරුවන්ට අගමෙහෙසිය දකින්ට ලැබුනේ නෑ. ඈ පෙනෙන්ට නැත්තේ ඇයි ද කියා ඇසූ විට හොඳටම ගිලන්ව ඉන්නා බව දැනගන්ට ලැබුනා.

එතකොට රජ්ජුරුවෝ දේවීන්නාන්සේගේ සිරියහන් ගබඩාවට ගොහින් ඇගේ යහන පසෙකින් වාඩිවුනා. ඇගේ පිට පිරිමදිමින් කතා කළා. "ඇයි මගේ සොඳුරී... මොකක්ද ඔයාගේ අපහසුව?"

"අනේ මහරජුනි, අපහසුවක් හැටියට වෙනත් දෙයක් නොවෙයි තියෙන්නේ. මට දොළ දුකක් ඇතිවෙලා තියෙනවා."

"හරි සොඳුරී... ඔයා මොනා ලබන්ට ද ආසා?"

"දේවයනි, මට අභ්‍යන්තර අඹයක් කන්ට ඕනෑ."

"හෑ... ඒ මොනවාද? අභ්‍යන්තර අඹ කියා ජාතියක් කොයිබෙයි තියෙන්නේ?"

"අනේ දේවයනි, මාත් ඒ ගැන දන්නෙ නෑ. නමුත් මට ඒ අභ්‍යන්තර අඹයක් කන්ට ඕනෑ ම යි. ඒක කන්ට ලැබුනොත් මයෙ ජීවිතය තියේවි. නැත්නම් ඔබ වහන්සේට මාව පණ පිටින් දකින්ට ලැබෙන එකක් නෑ."

"අනේ එහෙම කියන්ට එපා සොඳුරී... ඔයා ඒ ගැන නොසිතා ඉන්ට කෝ. මං කොහෝම හරි ඔයා ආසා කරන ජාතියේ අඹඵලයක් ගෙනැවිත් දෙන්නම්

කෝ" කියලා රජ්ජුරුවෝ දේවීන්නාන්සේව අස්වැසුවා. ඊටපස්සේ රජ්ජුරුවෝ ඇමතිවරුන්ව රැස්කොට ඇමතුවා.

"ඇමතිවරුනි, අපේ මහදේවීන්නාන්සේට දොළ දුකක් ඇති වෙලා තියෙනවා. ඇට අභ්‍යන්තර අඹය කියන අඹ ඵලයක් වළඳින්ටයි ආසා. අපි කොහොමෙයි ඒක ඉෂ්ට කරලා දෙන්නේ?"

"දේවයන් වහන්ස, ඔය අභ්‍යන්තර අඹය කියා කියනවා ඇත්තේ අඹගස් දෙකක් අතරට මැදිවෙන්ට තිබෙන අඹ වෘක්ෂයට වෙන්ට ඕනෑ. ඉතිං උයනේ ඇති අභ්‍යන්තර අඹ රුකකින් අඹයක් ගෙන්නලා දේවින්නාන්සේට ලබාදෙමු."

"බොහෝම අගෙයි. එහෙම කරමු" කියා රජ්ජුරුවෝ අනුමත කළා. සක්දෙවිඳු තමන්ගේ ආනුභාවයෙන් ඒ උයනේ අඹ කවුරුන් හරි කඩාගෙන කාලා වගේ පෙනෙන්ට සැලැස්සුවා. සේවකයන් මුළු උයන ම පීරා බැලුවත් අඹයක් සොයාගන්ට බැරි වුනා. සේවකයෝ ගිහින් රජ්ජුරුවන්ට මෙහෙම කිව්වා.

"දේවයන් වහන්ස, අපි කලින් දා දැක්කා රන්වන් පාටින් ඉදී ගිය මිහිරි අඹ ඒ අඹගසේ තිබුනා. අද ගොහින් බලද්දී ඒ අඹ ඔක්කෝම කාලා නොවැ. ගැටයක්වත් ඉතුරු කොරලා නෑ."

"හෑ... කව්ද ඒ විදිහට අඹ කෑවේ?"

"වෙන කවුරුද අර තාපසවරු මිසක්කා."

"හෝ.... හෝ .... තාපසයින්නේ කටයුතු නම් බොහෝම නරකයි. ඔහොම තවුසන්ගෙන් අපට වැඩක්

නෑ. උන්දැලාව උයනෙන් එළවා දමාපන්" කියලා රජ්ජුරුවෝ අණ කළා. මිනිස්සු ගිහින් තාපසවරුන්ව උයනෙන් එළවා දැම්මා. දැන් සක් දෙවිඳු තමන් සිතූ කරුණ මුදුන්පත් උනා ය කියලා සන්තෝෂ වුනා. දේවියගේ දොළදුක සංසිඳුනේ නෑ. "අනේ මට අභ්‍යන්තර අඹයක් ඕනෑ" කියා මහා දුකින් සයනේ වැතිරී උන්නා.

රජ්ජුරුවන්ට කරකියාගන්ට දෙයක් නැතිව ආයෙමත් ඇමැතිවරුන්වත් බමුණන්වත් කැඳෙව්වා. "අභ්‍යන්තර අඹ සොයාගන්ට පිළිවෙළක් කොහෝම හරි සොයා බලන්ට ඕනෑ."

එතකොට බ්‍රාහ්මණවරු මෙහෙම කිව්වා. "දේවයන් වහන්ස, අභ්‍යන්තර අඹ කියන්නේ දෙවියන් පරිභෝග කරන අඹ ජාතියක්. ඒවා හැදෙන්නේ හිමාලයේ කඤ්චන ගුහාවේ කෙළවරේ විතරයි කියලා ඔය ගැන අපට පරම්පරාවෙන් අහන්ට ලැබී තියෙනවා."

"හරි... එහෙනම් කාට ද ඒ අඹයක් අරගෙන එන්ට පුළුවන්?"

"බෑ දේවයන් වහන්ස, මනුස්සයෙකුට එතැනට යන්ට බෑ. හැබැයි පුහුණුව ලත් ගිරා පැටියෙකුවත් යවා ගන්ට බලන්ට ඕනෑ."

ඔය කාලේ රජ මාළිගාවේ එක් විශේෂ ගිරා පැටියෙක් රන් කූඩුවක ඇති දැඩි කළා. ඒ ගිරවාට ලොකු සිරුරක් තියෙනවා. මොණරෙක් තරම් ඇති. හරි ශක්තිමත්. ඒ වගේම නුවණින් යුක්තයි. ඉතින් රජ්ජුරුවෝ ඔය ගිරා පැටියා කැඳෙව්වා.

"මේ... ආදර පුතේ, ගිරා පැටියෝ.... මං ඔයාට

ගොඩාක් උදව් කරනවා නොවැ. දැන් බලන්ට රන් කූඩුවක, රන් තැටියේ මී පැණියි වී පොරියි ඔයාට කන්ට ලැබෙනවා. සකුරු රස යෙදූ පැන් බොන්ට ලැබෙනවා. අනේ පුත්‍රය, ඔයත් දැන් මට උදව්වක් කොරන්ට ඕනැ."

"කියන්ට දේවයිනි."

"අනේ පුත්‍රය, ඔයාට ගොඩක් ආදර ඇති මහදේවී අසනීප වෙලා. ඇට කොහෝම හරි අපි අභ්‍යන්තර අඹ කියන විශේෂ අඹයක් වළඳින්ට ගෙනත් දෙන්ට ඕනෑ. එතකොට ඈ සුවපත් වේවි. ඉතින් පුතේ, හිමාලේ කඤ්චන පර්වත අතරේ ඒ අඹ ගසක් තියෙනවා. ඒවා දෙවියන්ට කන්ට තියෙන්නේ. එතැනට මිනිසුන්ට යන්ට බෑ. හැබැයි ඔයාට නම් එහේ ගොහින් අඹයක් අරං එන්ට පුළුවන් වේවි."

"හරි... දේවයෙනි, මං අරං එඤ්ඤඤං."

එතකොට රජ්ජුරුවෝ ගිරා පැටියාට රන් තැටියේ මී විළඳ කවලා, සකුරු දිය කළ පැන් පොවලා, අත්තටුවල වටිනා බෙහෙත් ඖෂධ ගල්වලා, දෝතට ගිරා පැටියා අරගෙන අහසට අතැරියා. ගිරා පැටියාත් රජ්ජුරුවන්ට ගරුසරු දක්වා අහසට පැනනැගී මනුස්ස වාසය ඉක්මවා ඉගිල ගියා. හිමාල වනයේ මුලින් ම හමුවන පර්වතේ වසන ගිරවුන් මුණගැසුනා. "යාළුවනේ, අභ්‍යන්තර අඹ කොහිද තියෙන්නේ? අනේ මට ඒ ගස ඇති තැන කියන්ට."

"මිත්‍රයා... ඔහොම අඹ ගසක් ගැන අපි දන්නේ නෑ. දෙවෙනි පර්වතේත් ගිරව් ඉන්නවා. එහෙ ගොහින් අහන්ට බලන්ට."

එතකොට ගිරා පැටියා දෙවෙනි පර්වතේ ගිරවුන් මුණගැසුනා. එයාලා දන්නෙත් නෑ. එයාලා ගිරාපැටියාව තුන්වැනි පර්වතේ ඉන්න ගිරවුන් ළඟට පිටත් කළා. එයාලා දන්නෙත් නෑ අභ්‍යන්තර අඹ ගැන. ඔය විදිහට පර්වත හතකට යනකල් ගියා. එහෙ ගිරව් මෙහෙම කිව්වා.

"හා..! කඤ්චන පර්වතේ අතරයි ඔය අභ්‍යන්තර අඹ තියෙන්නේ."

"අනේ මිතුරනේ, මං ඒකට ම යි ආවේ. මාව එක්කරගෙන ගොහින් මට එයින් ගෙඩියක් දෙන්ට."

"හාපෝ... මිත්‍රය... ඒ අදහස අතෑරගන්ට. ඒ අඹ ගස වෙසමුනි දෙව් මහරජ්ජුරුවන්ගේ. අපට ළං වෙන්ට බෑ. ඔය අඹ ගසේ මුල පටන් ලෝහ දැල් හත් පොටකින් වට කොරලා තියෙන්නේ. කෝටි දාහක් කුම්භාණ්ඩ රකුසෝ වටේට අරක්ගෙන ඉන්නවා. ඒකුන් ඔයාව දැක්කොත් පණ බේරා ගැනිල්ල බොරු. කල්පාවසානයේ මතු වෙච්ච් ගින්නට වැටුනා වගේ, අවීචි මහා නිරයේ වැටුනා වගේ තියේවි. ඕක ගැන හිතන්ට එපා!"

"අනේ ඔයාලා මාත් එක්ක එන්නේ නැතිනම් අඩු ගණනේ මට එතැනට යාගන්ට පාර කියන්ට."

එතකොට ගිරව් එතැනට යන පාර කිව්වා.

ගිරා පැටියාත් හොඳ හැටියට පාර මතක තියාගෙන එතැනට ගියා. ගිහින් දවල් කාලේ සැඟවී උන්නා. රෑ මැදියමේ රකුසන්ට නින්ද ගිය වෙලාවට අඹ රුක ළඟට ගියා. එක් අඹ මුලක් අස්සෙන් අඹ ගස ළඟට යන්ට ඉක්මනට පටන් ගත්තා. එතකොට ලෝහ දැල ක්ලිං කියා ශබ්ද වුනා. රකුසන්ට ඇහැරුනා. ගිරා පැටියාව

දැක්කා. "ආං... අඹ හොරෙක්!" කියා හනික ඇවිත් ගිරා පැටියාව අල්ලා ගත්තා. ගිරා පැටියාට දඬුවම් දෙන හැටි කතා කරන්ට පටන් ගත්තා. එක් රකුසෙක් මෙහෙම කිව්වා. "මං මේකාව කටේ දමා එක කටට ගිලිනවා." තව රකුසෙක් මෙහෙම කිව්වා. "මං මේකාව මේ අත් දෙකින් පොඩි කොරලා චප්ප කොරනවා." තව රකුසෙක් මෙහෙම කිව්වා. "නෑ... මං මේකාව දෙකට පලා ගිනි අඟුරේ පුළුස්සාගෙන කනවා" කියලා.

මෙහෙම මහා භයානක දඬුවම් ගැන රකුසන් කළ කතාවට ගිරා පැටියා භය වුනේ නෑ. ගිරා පැටියා ගාම්භීර විදිහට මෙහෙම ඇසුවා. "එම්බල රකුසනි, තොපි කාගේ මිනිස්සු ද? "

"අපි වෙසමුනි මහ රජ්ජුරුවන්නේ මිනිස්සු!"

"එම්බල රකුසනි, එහෙනම් දැන ගනිව්. තොපිත් එක්තරා රජෙකුගේ මිනිස්සු. මාත් බරණැස් රජ්ජුරුවන්නේ මිනිහෙක්. මාව රජ්ජුරුවෝ එව්වේ අභ්‍යන්තර අඹ ඵලයක් අරගෙන යෑම පිණිසයි. මං මෙහේට එන්ට පිටත් වෙද්දී ම මගේ ජීවිතය රජ්ජුරුවන්ට පුදලා ආවේ. යමෙක් තමුන්නේ මා පියන් වෙනුවෙන්, ස්වාමියා වෙනුවෙන් ජීවිත පූජාවෙන් වැඩ කරනවා නම් ඔහු දෙව්ලොව උපදින්නේ. ඉතින් මාත් එහෙනම් මේ තිරිසන් ආත්මෙන් නිදහස් වෙලා දෙව්ලොව උපදීව්" කියා ගිරා පැටියා මේ ගාථාව කිව්වා.

(3)

මවත් පියත් ස්වාමියාත්
- අප රැක ගන්නා මේ අය

යමක් ලබන්නට කැප වී
- ඒ වෙනුවෙන් වෙහෙසෙන කල
බියක් නොමැති දක්ෂ කෙනා
- දිවි දී ඔවුනට නොමැලිව
ඔවුනගෙ යහපත සැදූ විට
- යන්නේ ඔහු ම ය දෙව්ලොව

මේ විදිහට ගිරා පැටවා රකුසන්ට බණ කීවා. "එම්බා රකුසනි, තමන්ට කන්ට බොන්ට දී ඇති දැඩි කොට තමන්ගේ යහපත සලසන අය ඉන්නවා. ඒ තමා තමුන්නේ දෙමාපියෝ, තමුන්නේ රජ්ජුරුවෝ, තමුන්නේ ගුරුවරයා. මේ අය යමක් සොයා වෙහෙසෙද්දී මොවුන් කෙරෙහි ආදර ගෞරවය ඇති අය කරබාගෙන ඉන්නේ නෑ. මොවුන්ට දිවි පුදා ඒ ශූර වීර තැනැත්තා මොවුන්ගේ යහපත වෙනුවෙන් කැපවෙනවා. ඒ හේතුවෙන් ඒ තැනැත්තා සුගතියේ උපදිනවා" කියා බණ කිව්වා.

රකුසන්ගේ සිත් ප්‍රසන්න වුනා. "මෙවැනි දැහැමි කෙනෙකුව අපි මරන්ට හොඳ නෑ. අපි මේකාට නිදහසේ යන්ට දෙමු" කියලා ගිරා පැටියාව අත් හැරලා මෙහෙම කීවා. "ගිරා පැටියෝ, අපි මීට කලින් තෝ වගේ හොඳ යහපත් එකෙක් දැක්කේ නෑ. ඕං දැන් අපි අත්හැරියා. දැන් පණ කෙන්ද බේරාගෙන ඉගිලී පලයන්."

"අනේ මිතුරනි, මට එහෙම හිස් අතින් යන්ට බෑ. අනේ මට එක ම එක අඹයක් දෙන්ට."

"මේකනේ ගිරා පැටියෝ.. තොට මේ රැකින් අඹ දෙන්ට බැරි කොමක් නෑ. නමුත් ආකාසේ ඉගිල යද්දී ඒ අඹයක් වැටිලා හිට, ඒ අඹේ වෙසමුනි මහරජු දැක්කොත්, එතකොට මේ රැක අපි රැක්කේ නැතය කියා

උන්නාන්සේ කෝප වුනොත්, කෝප වෙලා එක වතාවක් අපි දිහා ඒ කෝප නේත්තරාවලින් බැලුවොත් රත්වූ තෙලේ වැටිච්චි තල ඇට වගේ මේ කුම්භාණ්ඩයෝ දහස් ගණන් බිඳී පිපිරී වැටේවි. ඒ නිසා අපට නම් ඒ කටයුත්ත කොරන්ට බෑ. හැබැයි අඹයක් ලබාගන්ට ඇහැක් තැනක් ගැන හෝඩුවාවක් දෙන්නං."

"අනේ ලොකු දෙයක්. එහෙනම් ඒකවත් කියන්ට. එතකොට මට එතැනට යන්ට පුළුවන් නොවැ."

"අපි දන්නා මහා ගුණවත් එක් තවුසෙක් ඉන්නවා. ඒ තාපසින්නාන්සේට කියන්නේ 'ජෝතිරස' කියලා. කඤ්චන පරුවතේ අසවල් පැත්තේ එයා ඉන්නේ. එතැන පන්සලක ගිනි පුදනවා. අපේ වෙසමුණි රජ්ජුරුවන්නේ යාලුවෙක්. ඉතින් ඒ යාළුකොමට ඒ තාපසින්නාන්සේට දිනපතා අඹගෙඩි හතරක් යවනවා. ආන්න එතැනට පලයන්. වැඩේ හරියන්ට පුළුවනි."

එතකොට ගිරා පැටියා ඔවුන්ට පිං දී තාපසයා ළඟට ගිහින් වන්දනා කොට පැත්තකින් වාඩි වුනා.

"ඕහෝ.... හරි අපූරු ගිරා පැටියෙක් නොවැ. කොහෙන්දෑ ඔයා මෙහෙට ආවේ?"

"මං බරණැස් රජ්ජුරුවන්නේ ළඟ ඉඳලා බොහෝම වැදගත් කාරණාවකට ආවේ."

"හෝ... ඒ මොකක්ද?"

"අනේ තාපසින්නාන්ස, අපේ රජ්ජුරුවන්නේ දේවින්නාන්සේ අසනීපයෙන් ඇඳේ වැතිරිලා ඉන්නවා. ඇට දොළදුකක් ඇතිවෙලා. ඇටත් අභ්‍යන්තර අඹයක්

වළඳින්ට ආසයි ලු. ඉතින් ඒ කටයුත්තට මං ආවේ. නමුත් රකුසෝ මට අඹයක් දුන්නේ නෑ නොවැ. උන්දැලා තමයි මාව මේ තමුන්නාන්සේ ළඟට එව්වේ."

"හෝ... හෝ... එහෙනම් ඇඳිගෙන ඉම්මුකෝ ලැබෙන්නේ නැතෑ."

එතකොට වෙසමුනි දෙවියෝ තාපසයාට අඹඵල හතරක් එව්වා. තාපසයා එයින් එකක් ගිරවාට කන්ට දුන්නා. තමාත් අඹගෙඩි දෙකක් කෑවා. ඉතිරි අඹගෙඩිය කුඩා මල්ලක දමා ගැට ගසා ගිරා පැටියාගේ බෙල්ලේ එල්ලුවා. ගිරා පැටියා තාපසයාට බොහෝම පිං දී එතැනින් ඉගිලී කෙලින්ම රජමාළිගයට ආවා. දැන් දේවියට හරි සතුටුයි. දේවිය ඒ අඹය වළඳා සුවපත් වුනා. නමුත් ඒ හේතුවෙන් දරුවෙක් නම් ලැබුනේ නෑ.

මහණෙනි, එදා දේවීන්නාන්සේ වෙලා සිටියේ රාහුලමාතාවෝ. ගිරා පැටියා වෙලා සිටියේ අපගේ ආනන්දයෝ. අභ්‍යන්තර අඹය දුන් තාපසයාව සිටියේ අපගේ සාරිපුත්තයෝ. උයනේ වාසය කළ තවුසාව සිටියේ මම" යි කියා භාග්‍යවතුන් වහන්සේ මේ ජාතකය නිමවා වදාළා.

02. සෙයාංස ජාතකය

උතුම් ධර්මය දියුණු කිරීම ගැන කතාව

පින්වතුනේ, පින්වත් දරුවනේ,

මේ ලෝකයේ යහපත් මිනිසුන් කරදරවලට වැටීම ඒ කාලයේත් සිදු වූ දෙයක්. නමුත් ඔවුන් තමන් පත් කරදරවලින් සිත අසරණ නොකරගෙන ධර්මයේ හැසිරීම නිසා ධර්මය තුළින් මහත් යහපතක් සලසාගෙන තියෙනවා.

ඒ දිනවල අපගේ භාග්‍යවතුන් වහන්සේ වැඩ වාසය කළේ සැවැත්නුවර ජේතවනයේ. ඔය කාලේ කොසොල් රජ්ජුරුවන්ට ඉතාම ගුණවත් දක්ෂ ඇමතියෙක් සිටියා. ඔහු රජ්ජුරුවන්ට ඉතා හිතවත්. ඒ වගේම ගොඩාක් උපකාරයි. සෑම රාජකාරියක් ම හොඳින් කරදෙනවා. "මොහු මට බොහෝම උපකාරීව කටයුතු කරනවා" කියා රජ්ජුරුවෝ ඔහුට බොහෝ ධනය යසපිරිවර ආදිය දුන්නා. මේක ඉවසගන්ට බැරිව අධික ඉරිසියාවෙන් පෙළුන තවත් ඇමතිවරු මොහුට විරුද්ධව රජ්ජුරුවන්ට කේළාම් කිව්වා. හිතවත්කම නැති කළා. රජතුමාත් ඔවුන්ගේ වචන පිළිඅරගෙන, කරුණු සොයා නොබලා, අර සිල්වත් නිර්දෝෂී ඇමතියාට මාංචු දාලා බන්ධනාගාරේ සිර කළා.

ඒ ඇමතියා සිරගෙදර වසද්දී මෙහෙම සිතුවා. "මට ධර්මය හැර දැන් වෙන පිහිටක් නෑ" කියා දිගට ම භාවනා කරන්ට පටන් ගත්තා. ටිකෙන් ටික චිත්ත සමාධිය ඇති වුනා. ඊට පස්සේ පටිච්ච සමුප්පාදය, පංචුපාදානස්කන්ධය ආදී විදර්ශනා මනසිකාරයේ යෙදුනා. සෝවාන් ඵලයට පත් වුනා.

ටික දවසක් යද්දී රජ්ජුරුවන්ට මොහු නිර්දෝෂී කෙනෙක් බව තේරුම් ගියා. මාංචු ගලවා සිපිරි ගෙදරින් නිදහස් කරවා කලින්ටත් වඩා මහත් යස ඉසුරු සම්පත් දුන්නා.

ඒ ඇමතියා ශාස්තෘන් වහන්සේව වන්දනා කරන්ට යන්ට ඕනෑ කියා සුවඳ මල් ආදිය ගෙන ජේතවනයට ගියා. ගිහින් ශාස්තෘන් වහන්සේට මල් පුදා එකත්පස්ව හිඳගත්තා. භාග්‍යවතුන් වහන්සේ ඒ ඇමතියා සමඟ පිළිසඳර කතාබහේ යෙදුනා. "අපටත් අසන්ට ලැබුනා ඔබට මහත් කරදරයක් වුනාය කියා."

"එහෙමයි භාග්‍යවතුන් වහන්ස, නමුත් මං ඒ කරදරය මගේ යහපතට ම යොදා ගත්තා. මං හිරගෙදරදී නිස්කාරණේ මාව ඒ පත්කළ අසරණ තත්වය ගැන ශෝකයෙන් තැවි තැවී සිටියේ නෑ. මං ඒ හැම දෙයක් ම අමතක කොට ධර්මයේ හැසිරුනා. මං සිපිරි ගෙදරදියි සෝවාන් ඵලයට පත් වුනේ."

"සාධු සාධු උපාසක. තමන් කරදරේක වැටුනු වෙලාවේදී ඒ අවස්ථාව යහපතට හරවා ගත්තේ ඔබ විතරක් නොවේ. ඉස්සර කාලේ හිටිය නුවණැත්තෝත් ඔය විදිහට ම යි කටයුතු කොට තියෙන්නේ."

"අනේ ස්වාමීනී, ඒ ඉස්සර නුවණැතියන් මෙවැනි ආපදාපන්න අවස්ථාවක යහපත උදා කරගත් අයුරු මාත් දැනගන්ට කැමැතියි. මට ඒ ගැන පවසන සේක්වා!" යි ඉල්ලා සිටියා. භාග්‍යවතුන් වහන්සේ එහි සිටි සියලු දෙනාට දැනගැනීමට මේ අතීත කතාව ගෙනහැර දක්වා වදාළා.

"මහණෙනි, ගොඩාක් ඉස්සර කාලේ බ්‍රහ්මදත්ත නමින් රජ්ජුරු කෙනෙක් රාජ්‍ය කරමින් සිටියා. ඔය කාලේ මහා බෝධිසත්වයෝ ඒ රජ්ජුරුවන්ගේ අග මෙහෙසිය කුසෙහි පිළිසිඳගත්තා. ටික කලකදී ලස්සන කුමාරයෙක් උපන්නා. ඉතින් මේ කුමාරයා තක්සිලා ගොහින් ශිල්ප හදාරා ඇවිත් පියරජුගේ අභාවයෙන් පස්සේ බරණැස රජකමට පත් වුනා. දසරාජ ධර්මයන්ට අනුකූලව දන් දෙමින් සිල් රකිමින් උපෝසථය රකිමින් ඉතා දැහැමි රජෙක් වුනා."

ඔය කාලේ ඒ බරණැස් රජුගේ එක්තරා ඇමතියෙක් අන්තඃපුර ස්ත්‍රියක දූෂණය කළා. සේවකයෝ රජ්ජුරුවන්ට මේ බව දැනුම් දුන්නා. රජතුමා මෙය පරීක්ෂා කොට බලද්දී ඔහු වැරදිකාරයා බව දැනගත්තා. "මින් පසු තොප රාජසේවයට එන්ට එපා" කියා ඔහුව රැකියාවෙන් පහ කළා.

එතකොට ඔහු ඒ පළාත අත්හැර අසල්වාසී රටකට ගිහින් ඒ රටේ රජ්ජුරුවන්ගේ විශ්වාසී ඇමතියෙක් බවට පත්වුනා. දැන් මේ ඇමතියාගේ එක ම අදහස තමාව රැකියාවෙන් පහකළ රජුගෙන් පළිගැනීම ම යි. ඉතින් මොහු තමන් සේවය කරන රජුව බරණැස්නුවර ආක්‍රමණය කරන්ට පෙළඹෙව්වා. ඒ සතුරු රජා බද්ධවෛරී ඇමතියත්

එක්ක මහා සේනාවක් සමගින් බරණැස් නගරය වට කළා.

මෙය සැළ වූ විට පන්සියයක් පමණ මහා ශූරවීර යෝධයන් බෝසත් රජුට ගිහින් ආක්‍රමණය ගැන පවසා සිටියා.

"කමක් නෑ... එයාලා ඕන දෙයක් කරපුවාවේ. අනුන්ට හිංසා කොට අනුන් වනසා ගන්නා රාජ්‍ය බලයෙන් මට වැඩක් නෑ. තොප කිසිවක් කරන්ට එපා!"

සතුරු රජු ක්‍රමයෙන් ආක්‍රමණය කොට රාජ මාළිගාව දක්වා පැමිණියා. බෝසත් රජ්ජුරුවෝ වාසල් මහදොරටුවත්, මාළිගා දොරටුත් විවෘත කළා. ඇමති පිරිස පිරිවරාගෙන මතු මහලේ වාඩි වී උන්නා. සතුරු රජා ඇවිත් ඇමතිවරු පිරිවරා ගත් රජතුමාට මාංචු දමා අත්අඩංගුවට ගත්තා. හිර ගෙදර දැම්මා.

රජ්ජුරුවෝ සිපිරිගෙදර මාංචු පිටින් සිටිද්දී සතුරු රජාට මෙත් සිත පතුරන්ට පටන් ගත්තා. ක්‍රමයෙන් සමාධිය දියුණු වී මෛත්‍රී ධ්‍යානය උපදවා ගත්තා. බෝසත් රජුගේ මෛත්‍රී ආනුභාවයෙන් සොර රජුගේ කයේ මහා දැවිල්ලක් හටගත්තා. මුළු ශරීරය ම ගිනි පන්දම් දෙකකින් දවනවා වගේ නො ඉවසිය හැකි තරමේ දාහයක් හටගත්තා. මට මේ මොකක්ද වුනේ කියා ඇමතිවරුන්ගෙන් ඇසුවා. "දේවයන් වහන්ස, නුඹ වහන්සේ නිකරුණේ සිල්වත් ගුණවත් රජතුමාව සිපිරි ගෙයි දැම්මා. ඒ නිසයි ඔය දුක හටගෙන තියෙන්නේ."

එතකොට ඒ සොර රජා ඉක්මනින් ම බන්ධනාගාරයට ගොහින් බෝධිසත්වයන්ගෙන් සමාව

ගත්තා. "අනේ අපට සමාවෙන්ට, ඔබතුමාගේ රාජ්‍ය ඔබතුමාට ම වේවා. මෙතැන් පටන් ඔබතුමාට කවුරුන් හෝ සතුරුකමක් කරන්ට ආවොත් ඒ වැඩේ මට භාරයි. මේ රාජ්‍යයට පිටස්තරින් රැකවල් තැබීම මගෙන් සිද්ධ වේවි. මේ වැරැද්ද මගෙන් වුනේ අසවල් ඇමතියා මා නොමග යැවීමෙන්" කියා ඔහුටත් දඬුවම් දුන්නා. ඊට පස්සේ ඒ රජු තමන්ගේ සේනාවත් කැඳවාගෙන ආපසු තමන්ගේ ම රටට ගියා.

බෝධිසත්වයෝ සුදු සේසත යට සිංහාසනේ වාඩි වී ඇමතියන් පිරිවරාගෙන සිදු වූ දේ ගැන කතා කරමින් සිට මේ ගාථාවන් පැවසුවා.

(1).   යමෙක් උත්තම දහම් කොටසක්
        - උතුම් අයුරින් සේවනය කරයි නම්
     උතුම් වෙන්නේ හේ එයින් ම යි
        - ඒ උතුම් ධර්මය තුළින්
     මෙත් දැහැන් බල උපදවා ගෙන
        - රජුව පහදා ගත් සැණින්
     තොපත් මේ සියගණන් මැතිවරු
        - නිදහස් විය හැම දඬුවමින්

(2).   කසී රට වැසි සියලු ජනයනි
        - අසව් යොමවා තොප සවන්
     මෙත් දැහැන් උපදවා තනි මම
        - සැපත සැදුවේ ඒ තුළින්
     දහම් අනුහස් යළි ලබා දෙයි
        - දෙව්ලොව තමා ගෙන යමින්
     එම නිසා තොප සියලු දෙනමත්
        - මෙත් සිතින් පිහිටක් ගනින්

බෝසත් රජ්ජුරුවෝ ඔය අයුරින් මෛත්‍රී භාවනාවේ අනුසස් ගැන බොහෝ වර්ණනා කළා. දොළොස් යොදුනක් දිග පළල ඇති මහා බරණැස් රාජ්‍යයේ සුදු සේසත අත් හැරියා. හිමාලයට ගිහින් ඍෂි පැවිද්දෙන් පැවිදි වුනා. ධ්‍යාන සමාපත්ති උපදවාගෙන වාසය කළා."

ඊටපස්සේ භාග්‍යවතුන් වහන්සේ මේ ගාථාව වදාළා.

(3). **බරණැස අල්ලා ගෙන සිටි**
- කංස නමැති ඒ රජුන්
බෝසත් රජු බස් අසා
- හැරුනේ යහපත් මගින්
දුනු ඊතල කඩු තෝමර
- බැහැර දැමූ ඒ රජුන්
තාපස බව ලැබ ගනිමින්
- රැක්කා ගුණදම් සොඳින්

"මහණෙනි, ඔය විදිහට ම මෛත්‍රිය නමැති ධර්මය නිසා බෝසත් රජුටත් අනිත් පිරිසටත් බොහෝ යහපත සිදු වුනා. එදා මහණෙනි, සොර රජු වෙලා සිටියේ අපගේ ආනන්දයෝ. වෛර බැඳගත් අමාත්‍යයාව සිටියේ දේවදත්ත. මෛත්‍රී ධ්‍යාන උපදවාගත් බරණැස් රජුව සිටියේ මම" යි කියා භාග්‍යවතුන් වහන්සේ මේ ජාතකය නිමවා වදාළා.

03. වඩ්ඪකී සූකර ජාතකය

වඩුවෙක් ඇති දැඩි කළ ඌරුපැටියාගේ කතාව

පින්වතුනේ, පින්වත් දරුවනේ,

මේ සංසාර ගමන මහා පුදුමාකාරයි. එක් එක් ආත්මවල ඇති කරගන්නා පුරුදු තමා නොදැනීම තමන්ට පිහිටා ඇති හැටි මේ කතාවෙන් දැනගන්ට පුළුවනි.

ඒ දිනවල අපගේ භාග්‍යවතුන් වහන්සේ වැඩ වාසය කොට වදාළේ සැවැත්නුවර ජේතවනයේ.

මේ කතාවේ පටන් ගැනීම මෙහෙමයි. පසේනදී කොසොල් රජ්ජුරුවන්ගේ පියාගේ නම මහාකෝසල රජ්ජුරුවෝ. ඔය රජ්ජුරුවෝ තමන්ගේ දියණිය වන කෝසලා දේවිය මගධ රාජ්‍යයේ බිම්බිසාර රජ්ජුරුවන්ට ආවාහ කරලා දුන්නා. ඒ මංගල්ලෙදී බිම්බිසාර රජ්ජුරුවන්ට කෝසලා දේවිගේ දැවැද්ද හැටියට කහවණු ලක්ෂයක ආදායම් උපදින කාසි ග්‍රාමය සිය දියණියගේ නහන සුණු මිළ වශයෙන් දුන්නා.

ඒ බිම්බිසාර රජ්ජුරුවන්ගේ පුත්‍රයා අජාසත්. ඒ අජාසත් රජකම බලෙන් අරගෙන තමන්ගේ පිය රජ්ජුරුවන්ව ඝාතනය කළා. මෙයින් ශෝකයට පත් වූ

කෝසලා දේවී ටික දිනකින් කලුරිය කළා. මේ ගැන කොසොල් මහරජු මහත් වේදනාවෙන් සිටියේ. "මේ අජාසත් තමන්ගේ පියාව මරාගත්තා. මගේ සහෝදරීත් තම ස්වාමියාට අත් වූ ඉරණම ගැන ශෝකයෙන් කලුරිය කළා. මේ වගේ පීතෘඝාතක සොරෙක්ට මං කාසි ග්‍රාමය දෙන්නේ නෑ. ඒක මං ආපහු අරගන්නවා. මගේ පියා සන්තක දේ නොවැ."

මේ අදහසින් කොසොල් රජු ඒ කාසි ග්‍රාමය ගන්ට හිතාගෙන අජාසත් සමඟ වරින් වර යුද්ධෙට ගියා. අජාසත් රජු තරුණයි. ජවසම්පන්නයි. නමුත් කොසොල් රජු වයසයි. එනිසා කොසොල් රජු නිතර පරදිනවා. ඔහුගේ සේනාවත් පරදිනවා. දවසක් කොසොල් රජු ඇමතිවරු රැස්කළා.

"ඈ ඇමතිවරුනි, අපි හැමතිස්සේ ම පරදිනවා නොවැ. මේ ප්‍රශ්නේ විසඳාගන්ට අපට පිළිවෙළක් ඇත්තේම නැද්ද?"

"දේවයන් වහන්ස, ඇතැම් ආර්යයන් වහන්සේලා මන්ත්‍ර ශාස්ත්‍රයෙහි දක්ෂයි නොවැ. ජේතවනයට දඹදිව සතර දිග්භාගයෙන් ම පැවිදි වෙච්චි අය එනවා. ඒ භික්ෂූන් අතර ඕවා ගැන දන්නා කියන අය ඉන්ට පුළුවනි. ඒ නිසා භික්ෂූන්ගේ කතාබහට සවන් දෙන්ට චර පුරුෂයෝ යෙදවීම හොඳයි නේද?"

"ම්... ඒක හොඳ අදහසක්. ඒකෙනුත් කිසියම් පොරෝජනයක් වෙන්ට පුළුවනි. එහෙනම් භික්ෂූන් කතාකරමින් ඉන්න වෙලාවට අසාගෙන ඉන්ට චර පුරුෂයෝ යොදව්."

ඔය කාලේ මහලු වයසේ පැවිදි වූ මහණුන්නාන්සේලා දෙනමක් ජේතවන විහාර කොනේ කුටියක වාසය කළා. එක් නමක් උත්තර නමිනුත් අනිත් නම ධනුග්ගහතිස්ස නමිනුත් හැඳින්වුනා.

දවසක් ඒ ධනුග්ගහතිස්ස තෙරුන් හවස් යාමේ නින්දට ගොහින් මැදියම් රැයෙත් නිදාගෙන පාන්දරින් අවදිවුනා. ගිනිමැලයක් ගසාගෙන වාඩි වුනා. උගුරකට පාදා අනික් තෙරුන්නාන්සේට කතා කළා.

"ස්වාමීනී... උත්තරයෙනි,"

"ඇයි... මොකෝ තිස්සයෙනි,"

"මොකෝ ඔය තාමත් බුදි ද?"

"නිදා නොගෙන වෙන මක් කොරන්ට ද?"

"නෑ... නෑ... නැගිටින්ට... ඇවිත් වාඩිවෙන්ට" එතකොට උත්තර තෙරුන් නැගිට වාඩිවුනා. ධනුග්ගහතිස්ස තෙරුන් කතාව පටන් ගත්තා. "බලන්ට ස්වාමීනී, මේ බඩතඩි කොසොල් මහරජ්ජුරුවන්නේ තණ්හාසේ හැටි. බත් මුට්ටිය නරක් කරනවා වගේ යුද්ධයක් කරනවා මහ ලොකුවට. මෙලෝ දෙයක් දන්නෙ නෑ. මේ පාරත් පරාදයි, මේ පාරත් පරාදයි කිය කියා ඉන්නවා."

"ඈ... ධනුග්ගහතිස්සයෙනි... පරදින්නේ නැතිව වෙන මක්කොරන්ට ද?" එතකොට චරපුරුෂයෝ හොඳට කන්දීගෙන සිටියා. ධනුග්ගහතිස්ස තෙරුන් දිගටම කතාව කරගෙන ගියා.

"අනේ ස්වාමීනී... යුද්ධයක් කරන හැටි දැනගෙන ඉන්ට එපායැ ඔක්කෝටම කලිං. පිරිස වටකොට පහර දෙන ක්‍රම තුනක් තියෙනවා. පදුම බ්‍යූහ, චක්‍ර බ්‍යූහ, සකට බ්‍යූහ කියලයි ඒකට කියන්නේ."

අජාසත්ව අල්ලාගන්ට ඕනෑ නම් මේකයි කරන්ට ඕනෑ. අසවල් පර්වත මැද තියෙනවා නේ. ඕං ඔතන පර්වත බිත්ති දෙපස හමුදාව තියන්ට ඕනෑ. ඉස්සරහට දුර්වල පිරිසක් ඉන්න බව පෙන්නන්ට ඕනෑ. එතකොට සතුරු සේනාව ඒ පසුබසින පිරිස එක්ක සටන් කර කර පර්වත දෙපස ඇතුලට එනවා. එතකොට ඇතුලු වූ පාර වසන්ට ඕනෑ. ඊට පස්සේ පසුපසිනුයි දෙපසිනුයි වට කොරලා හිට කෙමන හිර කරගත් මාළුවෙක් වගේ, අතින් මිටට හිරකරගත් ගෙඹි පැටියෙක් වගේ අජාසත්ව අල්ලා ගන්ට පුළුවනි. ඕක මහලොකු දෙයක් නොවේ.

චර පුරුෂයෝ මෙය අසාගෙන ගිහින් රජ්ජුරුවන්ට කිව්වා. "හෝ.... එහෙනම් අපි ඒ ක්‍රමේට කරමු" කියා ධනුග්ගහතිස්ස තෙරුන් විස්තර කළ සකටබ්‍යූහ ක්‍රමයෙන් යුද්ධය කළා. කොසොල් රජු ජය ගත්තා. අජාසත් ව ජීවග්‍රහයෙන් අල්ලා ගත්තා. පස්සේ සාම ගිවිසුමකින් සමාදාන වුනා. තමන්ගේ දියණිය වන වජිරා කුමරිය අජාසත්ට ආවාහ කොට දුන්නා. ඇයගේ ස්නාන සුණු වියදමට නැවතත් කාසි ග්‍රාමය අජාසත්ට තෑගි කොට දුන්නා.

දවසක් දම්සභා මණ්ඩපයේ රැස්වූ භික්ෂූන් වහන්සේලා මේ ගැන කතා කරමින් හිටියා. "බලන්ට ඇවැත්නි, මේ වතාවේ කොසොල් රජ්ජුරුවෝ දිනලා තියෙන්නේ අපේ මහණුන්නාන්සේ කෙනෙකුගේ

කතාවට සවන් දීලාලු. අර ධනුග්ගහතිස්ස තෙරුන් උත්තර තෙරුන් එක්ක පාන්දර ජාමේ මේ ගැන කතා කරමින් ඉඳලා. ඔත්තුකාරයන්ට මේ කතාව අහන්ට ලැබිලා. ඒ තෙරුන්නාන්සේගේ කතාවේ කියැවුනු ආකාරයට ම ලු යුද්ධෙ වුනේ. අජාසත් රජ්ජුරුවෝ ජීවග්‍රහයෙන් අහුවුනා කියන්නේ."

ඒ අවස්ථාවේ අපගේ භාග්‍යවතුන් වහන්සේ එතැනට වැඩම කොට වදාළා. භික්ෂූන් වහන්සේලා තමන් කතා කරමින් සිටි කරුණ භාග්‍යවතුන් වහන්සේට සැළකළා. භාග්‍යවතුන් වහන්සේ මෙසේ වදාළා.

"මහණෙනි, ධනුග්ගහතිස්ස යුද කටයුතුවලට උපදෙස් දෙන්ට දක්ෂ වුනේ මේ ආත්මේ විතරක් නොවෙයි. කලින් ආත්මෙකත් බොහෝම දක්ෂ විදිහට යුද්ධයක් මෙහෙයවූවා නොවැ" කියා මේ අතීත කතාව ගෙනහැර දක්වා වදාළා.

"මහණෙනි, ගොඩාක් ඉස්සර කාලෙක බරණැස්පුරේ බ්‍රහ්මදත්ත නමින් රජ්ජුරු කෙනෙක් රාජ්‍ය විචාරමින් සිටියා. ඔය කාලේ බෝධිසත්වයෝ වනාන්තරේ වෘක්ෂ දේවතාවෙක් වෙලා ඉපදිලා හිටියේ. ඔය කාලෙ ම බරණැස ඇසුරුකොට ජීවත්වෙන වඩු වැඩ කරන ගමක් තිබුනා. දවසක් ඒ ගමේ වඩුවෙක් ලී ගේන්ට වනාන්තරේට ගියා. වලක වැටී සිටිය ඌරු පැටියෙක් දැකලා ගොඩ අරගෙන ගෙදර ගෙනාවා. ආදරෙන් ඇති දැඩි කළා.

කලක් ගතවෙද්දී හොඳට කෑම කා තරවූ මේ සතා මහා සිරුරක් ඇති විශාල ඌරෙක් වුනා. දෙපැත්තට කරකැවී ගිය මහා දළ දෙකකුත් ආවා. හැබැයි ඉතාමත් ගුණ යහපත්. වඩුවා හදාවඩාගත් නිසා 'වඩු ඌරා'

කියලා මේ සතාව කවුරුත් හඳුනාගත්තේ. මොහු වඩුවාට හරිම හිතවත්. කඳන් සහින කාලෙට මෙයා ඇවිත් ඒවා පෙරලලා දෙනවා. වෑ, පොරෝ, නියන, මුගුර ආදිය කටින් ඔසොවගෙන ගෙනත් දෙනවා. කලු නූල් කෙළවර කටින් අල්ලාගෙන ඉන්නවා.

'අනේ මං ආදරෙන් ඇති කරන මේ සතාව කවුරු හරි මරාගෙන කන්ට ඉඩ තියෙනවා. ඊට කලින් මෙයාව වනාන්තරේට ගිහින් දාන්ට ඕනෑ' කියා හිතපු වඩුවා දවසක් මේ ඌරාව වනේට ගෙන ගොහින් නිදහස් කළා. වනයට ගිය ඌරා හයක් නැතිව ඉන්ට තැනක් සොයද්දී කඳු අතරේ මහා බෑවුමක් ඇති තැනක් දැක්කා. එතැනම හොඳට වැඩුනු ගස් මුල් ද තියෙනවා. පහසුවෙන් ඉන්ට පුළුවනි. මොහුව දැකපු නොයෙක් සිය ගණන් ඌරෝ ඇවිත් මොහුව වටකරගත්තා.

"හෝ... මාත් බොලාව සොය සොයා තමයි මේ ආවේ. දැන් බොලාත් මාත් මේ අපූරු තැන දැකගත්තා නොවැ. මං දිගට ම මෙතන ම නවතින්ට යි අදහස."

"අනේ මිත්‍රය, ඒක හැබෑව. මෙතැන හරි අගේ ඇති තැනක් තමයි. නමුත් මෙතැන මහා විපතක් වෙන තැනක්."

"හෝ... මාත් හිතුවා. බොලාව දැක්ක ගමන් මාත් හිතුවා මෙතරම් හොඳට කන්ට බොන්ට ඇති පළාතක මොකදෑ මෙතරම් බොලා කෙට්ටුවෙලා මස් ලේ නැතිව ඉන්නේ කියලා. හැබෑට මොකක්ද බොලාට හය ගන්ට කාරණාව?"

"හනේ කියලා වැඩක් නෑ. මෙහේ එක ව්‍යාඝ්‍රයෙක්

ඉන්නවා. ඒකා පාන්දරින් එනවා. ඇවිත් දැකපු දැකපු අපේ එකෙක්ව ඩැහැගෙන යනවා."

"ඕ... ඕකා... හැමදාම එනවා ද? නැතිනම් කඩින්කඩ එනවාද?"

"මොන කඩින් කඩ ද, ඒකාට උෟරු මාලු නැතිව බෑ. හැමදාම එනවා."

"හරි... ව්‍යාග්‍ඝ්‍රයෝ කී දෙනෙක් එනවා ද?"

"මහා ගොඩක් නෑ. එකයි ඉන්නේ."

"ඉතින් මේසා මහා පිරිසක් ඉන්න බොලාට ඒකාව මට්ටු කොරන්ට බැරිද?"

"හනේ... බෑ"

"මං කරඤ්ඤං වැඬේ. බොලා මං කියන විදිහට කටයුතු කොරපං. දැන් ඒ ව්‍යාඝ්‍රයා කොහිදෑ ඉන්නේ?"

"ආං අර පරුවතේ."

එදා රෑ උෟරා මුළු උෟරු සනුහරේ ම රැස් කෙරෙව්වා. මෙහෙම කිව්වා. "දැන් අපිට යුද්ධයක් තියෙනවා. යුද්ධයකදී පදුම බ්‍යූහ, චක්‍ර බ්‍යූහ, සකට බ්‍යූහ කියන ක්‍රම තුනෙක් තමයි යුද්ධය මෙහෙයවන්ට තියෙන්නේ. අපි පදුම බ්‍යූහ ක්‍රමයෙන් යුද්දේ කරමු. නෙළුම් පෙති වටේට විහිදෙනවා වගේ රවුම් රවුම් විහිදිලා එක් තැනට එකතුවෙලා පහර දෙන විදිහට ගහමු."

ඒ උෟරා දන්නවා යුද්ධ පටන් ගන්ට සුදුසු තැන. මේ මෙතැනිනුයි යුද්දේ පටන්ගන්ට ඕනෑ කියලා ළදරු උෟරු පැටවුන්වයි උෟරු අම්මලාව යි උෟරු සේනාවට මැදි කරලා තිබ්බා. ඊට පස්සේ ඒ පිරිස වටකරලා සටන්

වදින්ට පුළුවන් ඊරියන්ව තිබ්බා. ඊටපස්සේ ආයෙමත් උඟුරු පැටව්, ඊට පස්සේ තරුණ උඟුරෝ, ඊට පස්සේ දළ උඟුරන්ව තිබ්බා. බල සම්පන්න උඟුරන් දස දෙනා විසි දෙනා බැගින් ඊට පිටින් රවුමට තිබ්බා. ඒ ඒ තැන රංචු ගැසිලා ඉන්ට සැලැස්සුවා. තමන් ඉන්නා තැනට ඉදිරියෙන් රවුමට වළක් කැනෙව්වා. ඊට පිටුපසින් කුල්ලක හැඩේට ක්‍රමයෙන් පහළට රූටා වැටෙන බෑවුමක් තිබ්බා. ඊට පස්සේ හැටක් හැත්තෑවක් පමණ යෝධ උඟුරු පිරිසක් අරගෙන ඒ ඒ තැන රඳවා "බොලා එකෙක් වත් භය වෙන්ට එපා" කිව්වා. ඔය අතරේ එළිය වැටීගෙන ආවා.

ව්‍යාඝ්‍රයා නැගිටලා ඇවිත් උඟුරු රංචු පේන්ට ඇති කඳු මුදුනට ඇවිත් හොඳට ඇස් දල්වා උඟුරන් දෙස බැලුවා. එතකොට වඩු උඟුරාත් ඒ විදිහට ම ඇස් දල්වා ව්‍යාඝ්‍රයා දෙස බලව් කියා සංඥා කළා. එතකොට උඟුරෝත් හොඳට ඇස් ඇරලා ව්‍යාඝ්‍රයා දෙස බැලුවා. ව්‍යාඝ්‍රයා කට ඇරලා ඈණුමක් ඇරියා. උඟුරෝ කට ඇරලා ඈණුම් ඇරියා. ව්‍යාඝ්‍රයා මූත්‍රා කළා. උඟුරෝත් මූත්‍රා කළා. ව්‍යාඝ්‍රයා කරන්නේ මොකක්ද, ඒ හැම එකක් ම උඟුරෝත් කළා. එතකොට ව්‍යාඝ්‍රයා කල්පනා කළා.

"ම්... මේක වෙන්ට බැරි දෙයක්! මීට කලින් මං එක බැල්මයි හෙලන්නේ. ඔක්කෝම උඟුරෝ පණ කඩාගෙන දුවනවා. හඹාගෙන යන්ටත් අමාරු තරම්. ඒත් අද මේකුන් පලා නොගොස් මං කරන දේට ම එකට එක කරනවා. මේකුන් ඉන්න තැන මුන්ව හසුරුවන එකෙක් ඉන්නවා ම යි. අද මං හැරිලා ගියාම ඉවරයි. දිනුමකුත් නෑ නොවැ."

මෙහෙම සිතා ව්‍යාඝ්‍රයා ආයෙමත් තමන්ගේ වාසස්ථානයට ගියා. මේ ව්‍යාඝ්‍රයා අල්ලන සතුන්ගේ මස් කන්ට පුරුදු වී සිටි එක් කූට තාපසයෙක් සිටියා. හිස් අතින් එන ව්‍යාඝ්‍රයා දැකපු ඒ කූට තවුසා ගාථාවකින් මෙහෙම කිව්වා.

(1)

එම්බල ව්‍යාඝ්‍රයෝ මීට කලින් තොප ද
- හරි අගේට දඩයම් කොට
- ඌරන් අල්ලන්නේ
මියුරු මියුරු මස් කන තෝ
- මේ පෙදෙසේ ඌරන්ගේ
- තෙද මැඩගෙන ඉන්නේ
අද මොකදෑ කිසිම දඩයමක් නොකරම
- බරට ම සිතමින් තනියම
- කල්පනාවෙ ඉන්නේ
අද තොපගේ කාය බලය නැති වුනා ද
- කිසිවක් කර ගන්ට බැරිව
- දුකෙන් වගේ ඉන්නේ

කූට තාපසයාගේ ගාථාව ඇසූ ඒ ව්‍යාඝ්‍රයා මේ පිළිතුරු ගාථාව පැවසුවා.

(2)

මේ ඌරු සනුහරේ වෙනදා
- මා දුටු පමණින් තැතිගෙන
- භයින් පලා යන්නේ
හිස් ලූ ලූ අත දිව ගොස්
- දිවි රැකගන්නට ඌරෝ
- දස දෙස පැන යන්නේ

අද මේකුන් සියලු දෙනා එක්සත් වී එක්සිත් වී
- භයක් නැතිව පලා නොගොස්
- සටනට සැරසෙන්නේ
අද නම් මේ ඌරු පිරිස මැඩලන්නට
- අමාරු බව ඉතා හොඳින්
- මට නම් වැටහෙන්නේ

එතකොට කූට තාපසයා ව්‍යාඝ්‍රයාව දඬයමට උනන්දු කරමින් මෙහෙම කිව්වා. "නෑ... නෑ... ඕකුන් මක් කොරන්ට ද? තමුන්නාන්සේ භය වෙන්ට එපා. මහා හඬින් ගොරවාගෙන මැදට පනින්ට. ඕකුන් ඔක්කෝම භය වෙලා පලා යනවා ම යි"

එතකොට ව්‍යාඝ්‍රයා හිතට ධෛර්යය ගත්තා. කන්ද උඩට ගිහින් හිටගත්තා. වඩ්ඪ ඌරා වලවල් දෙකකට මැදිව සිටගෙන සිටියා.

"අන්න ස්වාමී... අන්න මහ සොරා ආයෙත් ඇවිදින්!" කියලා ඌරු පිරිස කෑගැසුවා. "භය නොවී හිටිං. මං බලාගන්නම්" කියලා වඩ්ඪ ඌරා කිව්වා. එතකොට ම ව්‍යාඝ්‍රයා මහා හඬින් ගොරවාගෙන වඩ්ඪ ඌරාගේ පිටට පැන්නා. ඌරා තමන්ගේ පිටට ව්‍යාඝ්‍රයා පනිනකොට වේගයෙන් පෙරලී ගොස් කෙලින්ම කලින් සාරා තිබූ වලට වැටුනා. වේගය පාලනය කරගන්ට බැරි වූ ව්‍යාඝ්‍රයා උඩින් ගිහින් කුල්ලේ හැඩේට තිබුනු බෑවුමේ වැදී වැටිලා කිසි දෙයක් කරගන්ට බැරි විදිහට ගුලි ගැහී සිටියා. එතකොට වඩ්ඪ ඌරා ඒ ආවාටය උඩින් මහා වේගයෙන් ඇවිත් ව්‍යාඝ්‍රයාගේ කය සිදුරු වෙන්ට දළින් පහර දුන්නා. උදරය පලා ඌරා දළින් ව්‍යාඝ්‍රයාගේ මස් වෙලා ව්‍යාඝ්‍රයාගේ ඇඟ උඩ කැරකෙමින් "ඕං...

බොලාගේ සතුරාව ගනිල්ලා" කියා වලෙන් ඔසොවා පිටත ආවාටයට දැම්මා. මුලින් ම ආ ඌරන්ට ව්‍යාඝ්‍ර මස් කන්ට ලැබුනා. පස්සේ ආපු එවුන් ව්‍යාඝ්‍ර මස් හැබෑට මොන වගේ ද කිය කියා කටින් ඉව අල්ල අල්ල හිටියා. ඌරන්ගේ සතුටක් නෑ වගේ. එතකොට වඩු ඌරා මෙහෙම ඇසුවා.

"හෝ... මොකෝ... බොලාට සතුටක් නැද්ද?"

"අනේ ස්වාමී... මේ එක ව්‍යාඝ්‍රයෙක් මරා සතුටු වෙන්නේ කොහොමෙයි. ව්‍යාඝ්‍රයෝ දහ දෙනෙක් වුනත් මෙතැනට එවන්ට ඇහැකි භයානක කූට තාපසයෙක් ඉන්නවා නොවැ."

"ඔව්... ඒ මොකා ද?"

"අනේ ඔව්... ඒකා තවුසෙක්."

"ව්‍යාඝ්‍රයෙක් මරාපු අපිට ඕකත් මහ කජ්ජක් ද? යමං ගොහින් ඒකාටත් වැඩේ දෙමු" කියලා මුළු ඌරු සේනාව එකට එකතු වෙලා පිටත් වුනා.

එතකොට කූට තාපසයාත් ව්‍යාඝ්‍රයා ආපසු එනකල් මගබලාගෙන සිටියා. "ඌරෝ ටික ව්‍යාඝ්‍රයාව අල්ලගත්තා වත් ද" කියා ඒ පැත්තට යන්ට පටන් ගත්තා. තමන්ගේ දිසාවට මහා ඌරු සේනාවක් එනවා දැකලා තවුස් පිරිකරත් අරගෙන ආපස්සට දිව්වා. ඌරොත් පස්සෙන් පැන්නුවා. අන්තිමේදී තවුස් පිරිකරත් මග දාලා දුවගෙන ගිහින් දිඹුල් රුකකට නැග ගත්තා.

"අනේ ස්වාමී, දැන් අපි ඉවරෝ. ආං තාපසයා දුවගෙන ගොහින් රුකකට නැග්ගා නොවැ"

"ඔය ගස මොකක් ද?"

"ඕකට කියන්නේ දිඹුල් වෘක්ෂය කියලා."

වඩු ඌරා මෙහෙම කිව්වා. "හා... දැන් එහෙනම් ඊරියෝ ගොහින් වතුර ඇන්න ඇවිත් මේ ගහ මුලට වක්කරපිය. ඌරු පැටව් ඇවිත් ගහ වටේට සාරාපිය. දළ ඌරෝ ඇවිත් මුල් සිඳපිය. අනිත් හැමෝම මේකාට ගසින් බහින්ට බැරි විදිහට රැකවල් දමාපිය කියලා" පිරිස මෙහෙයවන්ට පටන්ගත්තා. තමාත් දිඹුල් ගසේ කෙලින් තියෙන කඳට පොරොවෙන් පහර දෙනවා වගේ පහර දෙද්දී තනි පහරින් ම ගහ බිම වැටුනා. වටේ රැකවල් කළ ඌරු රංචුව බිම වැටුන කූට තවුසා කෑලි කෑලිවලට කඩා ඇටත් කාලා දැම්මා. වඩු ඌරාව දිඹුල් කඳ උඩ ම වාඩි කරවා කූට ජටිලයාගේ මල්ලෙන් විසිවී ගිය හක්ගෙඩියෙන් පැන් වඩා ඌරු පිරිසේ රජු බවට පත් කරගත්තා. එක් තරුණ ඊරියක් තෝරා අග මෙහෙසිය බවට පත් කරගත්තා.

එදා පටන් තමයි අද දක්වා ම රජවරු සොඳුරු දිඹුල් ලීයෙන් කළ පීඨිකාවක හිඳුවා හක්ගෙඩි තුනකින් හිස පැන් වඩා අභිෂේක කරන්නේ. එදා ඒ වනයේ අධිගෘහිත දේවතාවා මේ පුදුම සහගත සිදුවීම දැක ගස් අතරේ සිට ඌරු පිරිස ඉදිරියේ මේ ගාථාව පැවසුවා.

(3). අද මෙහි රැස් වූ සූකර පිරිසට
- නමස්කාර කරනෙමි මම සතුටින්
පුදුමයි මට මෙය ඇදහිය නොහැකිය
- විස්මිත මිතුරුදමකි මා දුටුවේ දැන්
දළ ඇති ඌරෝ හැම දෙන එක් වී
- ව්‍යාඝ්‍රයා වැනසූ හැටි පුදුමයි

එක්සත් වී එක්සිත් ව සිටීමෙන්
- සතුරා වනසා හැම දෙන මරණින් මිදුණේ!

මහණෙනි, එදා උපායශීලිව යුද්ධය මෙහෙයවූ වඩු උගුරාව සිටියේ මේ ධනුග්ගහතිස්ස භික්ෂුවයි. වෘක්ෂදේවතාවා වී සිටියේ මම" යි කියා භාග්‍යවතුන් වහන්සේ මේ ජාතකය නිමවා වදාළා.

04. සිරි ජාතකය

ශ්‍රීය ලැබදෙන දෙව්දුවගේ කතාව

පින්වතුනේ, පින්වත් දරුවනේ,

මේ කතාවත් හරි පුදුමයි, වංචාකාරයන් එදාත් අවංක මිනිසුන්ව රවටා ගසාකන්ට උත්සාහ කොට තියෙනවා. නමුත් පින් බලය නිසා වංචනිකයෙකුගෙන් නිදහස් වුන කෙනෙක් ගැනයි මෙයින් කියැවෙන්නේ.

ඒ දිනවල භාග්‍යවතුන් වහන්සේ වැඩ සිටියේ සැවැත්නුවර ජේතවනයේ.

ඔබට මතකද මීට කලින් අපි අනේපිඬු සිටාණන්ගේ සිටු ගෙදර සිටි දෙව්දුවක් ගැන දැනගත්තා. ඒ කතාවේ අපි දැනගත්තේ ඒ දෙව්දුව අනේපිඬු සිටාණන්ව ත්‍රිවිධ රත්නයෙන් ඈත් කරවන්ට ගත් උත්සාහය නිසා ඇයට දඬුවම් විඳින්ට සිදු වූ බව යි.

ඉතින් ඒ සිද්ධියේදී ඒ දේවතාවී තමන් ලද දඬුවමේදී පණස්හතර කෝටියක ධනය ගෙනැවිත් සිටාණන්ගේ ගබඩාව පිරෙව්වා. සිටාණන් සමඟ ගොඩාක් හිතවත් වුනා. සිටාණෝ ඒ දෙව්දුව භාග්‍යවතුන් වහන්සේ ළඟට කැඳවාගෙන ගියා. භාග්‍යවතුන් වහන්සේ වදාළ ධර්මයට සවන් දුන් දේවතාවී සෝවාන් ඵලයට පත් වුනා. එදා

පටන් අනේපිඬු සිටාණන්ගේ යස ඉසුරු කලින් වගේම වුනා.

ඔය කාලේ සැවැත්නුවර ශ්‍රීය ලබාදෙන දෙවියන් ගැන දන්නා සිරිලක්ඛණ නමින් බ්‍රාහ්මණයෙක් සිටියා. ඔහු මෙහෙම සිතුවා. 'මේ අනේපිඬු සිටාණන් සෑහෙන්ට දිළිඳුව සිටියේ. දැන් ආයෙමත් කලින් වගේම ධනවත්. මේක වුනේ ශ්‍රීය ලබාදෙන දෙව්දුවක් නිසාලු. හරි... මාත් එහෙනම් සිටාණන්ව බලන්ට යන විදිහට ගොහින් ඒ සිරිදෙව්දුව සොරකම් කරගෙන එන්ට ඕනෑ' කියලා.

දවසක් මේ කූට බ්‍රාහ්මණයා සිටාණන්ගේ ගෙදර ගියා. එදා සිටාණෝ මොහුට බොහෝම හොඳින් සත්කාර සම්මාන දැක්වුවා. පිළිසඳර කතාබහේ යෙදුනා.

"මේ භවතාණන් අද මොකෝ මේ පැත්තේ ආවේ?" කියා අපේ සිටාණෝ ඇසුවා.

"සිටුතුමනි, හැබෑටම අර සිරි දෙව්දුව කොහිද ඉන්නේ?" කියලා වටපිට බැලුවා. එතකොට සිටුතුමාගේ නිවසේ මුළුමනින් ම සුදු, සෝදාපු හක්ගෙඩියක් වගේ පිරිසිදු කුකුළෙක් රන් කූඩුවක දාලා තිබුනා. ඒ කුකුළාගේ කරමල ළඟ සිරි දෙව්දුව ඉන්නවා දැක්කා. දැකලා සිටාණන්ට මෙහෙම කිව්වා.

"අනේ සිටාණනි, මං බ්‍රාහ්මණ දරුවන් පන්සියයකට මන්ත්‍ර උගන්වනවා. අකාලෙට හඬලන කුකුළෙක් අපි ළඟ ඉන්නේ. ඒ නිසා ඒ දරුවන්ටත් අපටත් හරිම කරදරයි. වෙහෙසයි. අර කුකුළා මට දෙනව ද?"

"හොඳයි බ්‍රාහ්මණය, මේ කුකුළා නම් නියමිත වෙලාවට විතරයි හඬලන්නේ. මේකා මං දෙන්නම්" කියා

සිටාණන් කියපු සැණින් ම සිරි දෙව්දුව කුකුළාගේ කරමල අත්හැරියා. සිටුතුමාගේ හිස තබන කොට්ටය මත ඇති මැණිකේ පිහිටියා. බ්‍රාහ්මණයා ඒක දැක්කා. "සිටාණනි, මට අර කොට්ටය මත ඇති මැණිකත් දෙනවාද?" "හොඳයි බ්‍රාහ්මණය, ඒකත් දෙන්නම්" එතකොට ම සිරි දෙව්දුව මැණික අත්හැරියා. ඇඳේ කොට්ටෙට ඉහළින් ඇති ආරක්ෂක පොල්ල ළඟ නැවතුනා. බමුණා ඒකත් ඉල්ලුවා. සිටුතුමාත් ඒක දෙන්නම් කීවා. එසැණින් සිරි දෙව්දුව එතැන අත් හැරියා. පින් ලකුණින් යුතු දේවියගේ සිරසේ පිහිටියා. 'දැන් නම් ඉල්ලන්ටත් බෑ නොවැ' කියා සිතා ඒ බ්‍රාහ්මණයා සිටුතුමාට මෙහෙම කිව්වා.

"මහා සිටුවරය, මේක මහා පුදුම වැඩක් නොවැ. මං අද ආවේ විශේෂ දේකට. තමුන්නාන්සේගේ ගෙදර ඉන්න සිරි දෙව්දූ සොරකම් කරගෙන යන්ටයි මං ආවේ. එතකොට සිරි දෙව්දූ කුකුළාගේ කරමලේ සිටියේ. කුකුළාව මට දෙනකොට ම එතැනින් ඈ ඉවත් වුනා. මැණිකේ පිහිටියා. මැණික මට දෙනකොට එතැනින් ඈ ඉවත් වුනා. ආරක්ෂක යෂ්ටියේ පිහිටියා. ආරක්ෂක යෂ්ටිය මට දෙනකොට ඈ එතැනිනුත් ඉවත්වුනා. ඊටපස්සේ ඈ නැවතුනේ පුණ්‍යලක්ෂණ දේවියගේ සිරස මත! ඒ නිසා මට ඔබගේ සිරි දෙව්දූ සොරකම් කරන්ට බැරි බව තේරුනා. මේවාත් ආපසු ගන්ට. මං යනවා එහෙනම්" කියා බමුණා නැගිට පිටත්ව ගියා.

එදා සවස අනේපිඬු සිටාණෝ ජේතවනයට ගිහින් අපගේ භාග්‍යවතුන් වහන්සේව බැහැදැක වන්දනා කොට පූජා පවත්වා එකත්පස්ව වාඩි වී සිදු වූ සියලු දේ කියා සිටියා. භාග්‍යවතුන් වහන්සේ මෙසේ වදාළා.

"ගෘහපතිය, කෙනෙකුට තමන්ගේ පින් බලයෙන් ලැබෙන සිරි දෙව්දුවක්, වෙනත් කෙනෙක් ළඟට යන්නේ නෑ. ඉස්සර පුණ්‍ය වාසනාව නැති අයෙකුට ලැබුනු සිරි වාසනාව පුණ්‍යවන්තයන්ගේ පා මුලට ගියා"

"අනේ ස්වාමීනී භාග්‍යවතුන් වහන්ස, අපට ඒ කතාව වදාරණ සේක්වා!" කියා සිටාණන් ඉල්ලා සිටියා. භාග්‍යවතුන් වහන්සේ මේ ජාතකය වදාළා.

"ගෘහපතිය, ගොඩාක් ඉස්සර කාලෙක බරණැස්පුරේ බ්‍රහ්මදත්ත නමින් රජ්ජුරු කෙනෙක් වාසය කළා. ඔය කාලේ මහා බෝධිසත්වයෝ කාසි ගමේ බ්‍රහ්මණ පවුලක උපන්නා. තක්සිලා ගොහින් ශිල්ප ඉගෙනගෙන ඇවිත් මව්පියන්ට උපස්ථාන කළා. මාපියන්ගේ ඇවෑමෙන් ගිහි ජීවිතේ අත්හැර හිමාලයට ගොහින් ඍෂි පැවිද්දෙන් පැවිදිව ධ්‍යාන අභිඥා සමාපත්ති උපදවාගෙන බොහෝ කල් වනාන්තරේ වාසය කළා. කලකට පස්සේ ලුණු ඇඹුල් සෙවීම පිණිස කන්දෙන් පහළට බැස්සා. ක්‍රමයෙන් පහළට ඇවිත් බරණැස් රජ්ජුරුවන්ගේ උයනේ වාසය කළා. පසුවදා පිඬු සිඟා යද්දී හත්ථි ශිල්ප උගන්වන ඇත් ආචාරීන්ගේ ගෙමිදුලට ගියා. තාපසින්නාන්සේගේ ඇවතුම් පැවතුම් දුටු ඇත් ආචාරීන් ගොඩාක් පැහැදුනා. තමන් ම තාපසින්නාන්සේව උයනේ ඉන්ට සලස්සලා නිති උපස්ථාන කළා.

ඔය කාලේ දර අදින මිනිහෙක් වනේට ගොහින් දර අරගෙන එද්දී වෙලාවට නගරයට එන්ට බැරි වුනා. හැන්දෑවේ එක්තරා දේවාලයකට ගිහින් දරමිටිය කොට්ටෙට තියාගෙන හාන්සිවුනා. බාර ඔප්පුකිරීමට ඒ දේවාලේට නිදහස් කර සිටි බොහෝ කුකුළෝ ඒ අසල

එක්තරා ගසක නිදාගත්තා. ඒ කුකුළන් අතර උඩ අත්තේ නිදන කුකුළෙක් පාන්දර ජාමේ බෙටි දමද්දී යට අත්තක නිදා සිටිය කුකුළෙකුගේ ඇගේ වැටුනා. "මොකාද බොල මගේ ඇගේ වර්චස් හෙළන්නේ?" කියා කුකුළා කෑගැසුවා. "අනේ මගේ අතින් ඒක වුනේ" කියලා උඩු අත්තේ සිටි කුකුළා කිව්වා. "ඇයි එහෙම කළේ?" "අනේ මං හිතාමතා කළේ නෑ. වැරදීමකින් වුනේ" කිව්වා. ටික වේලාවකින් උඩු අත්තේ සිටි කුකුළා ආයෙමත් වර්චස් කළා. පහළ අත්තේ සිටි කුකුළා කෑ ගසා බනින්ට පටන් ගත්තා. උඩු අත්තේ කුකුළාත් බණින්ට පටන් ගත්තා. "මොකක්ද තොගේ ආනුභාවේ?" කියලා බැණ ගන්න කොට යටි අත්තේ කුකුළා මෙහෙම කිව්වා.

"මගේ ආනුභාවේ තෝ දන්නෙ නෑ. මාව මරා අඟුරුවල පුළුස්සාගත් මස් කාපු කෙනෙක්ට උදේ ම කහවණු දහසක් ලැබෙනවා."

එතකොට උඩු අත්තේ කුකුළා මෙහෙම කිව්වා. "හහ්... හනේ මෝඩයෝ... තෝ එහෙනම් අහගනිං මගේ ආනුභාවේ. මාව මරා මගේ ඇඟේ පිරුණු මස් කාපු කෙනා රජවෙනවා. බාහිර මස කාපු පුරුෂයාට සෙන්පති තනතුර ලැබෙනවා. ස්ත්‍රියක් නම් එය කෑවේ ඈ අගමෙහෙසිය වෙනවා. ඇට සහිත මස කෑවොත් ගිහියෙක් නම් භාණ්ඩාගාරික තනතුර ලබනවා. පැවිද්දෙක් නම් රාජ කුලූපග වෙනවා! ඕං දැන ගනිං දැන් මගේ බලය."

දරමිටියට හිස තබා නිදා උන්නු මිනිසා මේ සතුන් දෙන්නාගේ කතාවට සවන් දීගෙන හිටියා. හෙමිහිට නැගිට ගිහින් උඩු අත්තේ කෑගසන කුකුළාව මතක තබා

ගත්තා. "මට කහවණු දහසක් වැඩක් නෑ. රජකොම ම ගන්නවා" කියලා වේගයෙන් ගහට නැගලා උඩු අත්තේ උන් කුකුළාව මරා උකුලේ තියාගෙන උදේ දොරටුව විවෘත කළ විට නගරයට ගිහින් සතුටින් ගෙදර ගියා. කුකුළාගේ පිහාටු ගලවා හම පිරිසිදු කොට "මේ කුකුළු මස හොඳ හැටියට උයන්ට ඕනෑ" කියා බිරිඳට දුන්නා.

එතකොට ඈ කුකුළු මස් උයලා බත් හදලා ස්වාමියා ළඟට ගෙනාවා. "සොඳුරී, ඔය තියෙන්නේ එසේ මෙසේ මසක් නොවෙයි. ඔය මස මහානුභාවසම්පන්නයි. ඔය මස් කාලා මං රජ වෙනවා. ඔයා අගමෙහෙසිය වෙනවා. ඒ නිසා අපි මේ මසුයි බතුයි අරගෙන ගං තෙරට යං. එතැනට ගොහින් ගඟේ බැහැලා හොඳට නාලා බත් කමු" කියලා කෑම බඳුන අරගෙන ගිහින් ගංතෙරේ තියලා දෙන්නම වතුර නාන්ට ගඟට බැස්සා.

එතකොට ම මහා සුළඟක් ඇවිත් ජලය කැළඹී උඩට ඇවිත් අර කෑම බඳුන ජලයේ ගසාගෙන ගියා. නදියේ පාවෙවී යන බත් භාජනේ ඇතා නාවමින් සිටිය ඇත් ආචාරී මහ ඇමති දැක්කා. දැකලා ගොඩට අරගෙන පියන ඇරලා බලන්ට කියා සේවකයන්ට කීවා. "ස්වාමී, මේ බඳුනේ තියෙන්නේ බතුයි කුකුළු මසුයි."

"හෝ.. එහෙනම් ඕක හොඳට වසලා සීල් තියන්ට. මං එනතුරු මේ බත පාවිච්චියට ගන්ට එපා" කියලා බිරිඳ අතට ලැබෙන්ට සැලැස්සුවා.

ගඟේ නාන්ට ගිය දර අදින මිනිහාට කැළඹී ගිය වැලි සහිත ජලය පෙවුනා. බඩත් ඉදිමුනා. මහා දුකින් පලාගියා. එදා ඇත්ආචාරීන්ගේ කුලුපග දිවැස්ලාභී තාපසයා මේක දැක්කා. 'මගේ උපස්ථායකයා ඇත් ආචාරී

බව අත්හරින්නේ නෑ. මොහුට සම්පත් ලැබෙන්නේ කවදා ද කියා’ දිවැසින් බලද්දී කුකුල් මස් සහිත බත්බඳුන අරගෙන එන පුරුෂයාව දැක්කා. එතකොට තාපසයා ඊට කලින්ම ඒ ගෙදර ගිහින් වාඩිවෙලා උන්නා. ඇත් ආචාරීන් ඇවිත් තාපසයාට වැන්දා. “අර බත් භාජනේ ඇන්න ඇවිත් අපේ තාපසින්නාන්සේට බෙදන්ට” කියලා කිව්වා.

තාපසයෝ බත් බෙදන විට පිළිගත්තා. මස් බෙදන විට පිළිනොගෙන “මේ මස් අද මමයි බෙදන්නේ” කිව්වා.

“එහෙනම් බෙදන්ට ස්වාමීනී.”

එතකොට තාපසයා ඒ මස් කොටස් තුනකට බෙදුවා. ලොකු මස ඇත් ආචාරීන්ට දෙන්ට කීවා. බාහිර මස ඔහුගේ බිරිඳට කන්ට කීවා. තමන්ට ඇට මස් බෙදන්ට කීවා. ආහාර අනුභව කළාට පස්සේ තාපසතුමා මෙහෙම කීවා. “පින්වත, තොප අදින් තුන් දවසක් ගිය තැන රජ වෙනවා. ඒ නිසා හොඳ කල්පනාවෙන් ඉන්ට” කියා තාපසයා පිටත්ව ගියා.

තුන්වෙනි දවසේ බරණැස ආසන්න රටක රජෙක් ආක්‍රමණය කළා. බරණැස වට කළා. එතකොට බරණැස් රජු ඇත්ආචාරීන්ට රජවෙස් ගන්වා ඇතා පිට නග්ගවා යුද්ධ කරන්ට කියා අණ කරලා තමන් වෙස් වළාගෙන සේනාව මෙහෙයවන්ට පටන්ගත්තා. ඒ වේගවත් ඊ පහරක් ඇවිත් රජුට වැදී එකෙණෙහි ම රජු මරණය පත් වුනා.

ඇත් ආචාරීන් රජතුමා මළ බව දැන ගත්තා. බොහෝ කහවණු විසුරුවා ධනයට ආසා අය පෙරට

ඇවිත් යුද්ධ කරපන් කියා අඬබෙර පැතිරුවා. බල සේනාව මොහොතකින් සතුරු රජාව ජීවිතක්ෂයට පත් කළා. අමාත්‍යවරු රජ්ජුරුවන්ගේ ආදාහන කටයුතු එදා ම කළා. "දැන් අපි රජකමට කාවද පත් කරගන්නේ?" කියා සාකච්ඡා කළා. "දැන් බලන්ට. අපේ රජ්ජුරුවෝ ජීවතුන් අතර සිටියදී ම මේ ඇත් ආචාරීන්ට තමන්ගේ රාජ වේශය පිරිනැමුවා. මොහු ම යි යුද්ධය මෙහෙයවා රාජ්‍ය රැකගත්තේ. මොහුට ම අපි රජකම දෙමු" කියල ඇත් ආචාරීන්ව රජකමට පත් කළා. ඔහුගේ බිරිඳ අගමෙහෙසිය කළා. බෝධිසත්වයෝ රාජකුලුපග තාපසයෝ බවට පත් වුනා.

මේ කතාව වදාළ භාග්‍යවතුන් වහන්සේ මේ ගාථාවන් වදාළා.

(1)

පින් මඳ අය බොහො වෙහෙසී
- දුකසේ ම යි ධනයත් බොහො රැස්කරගන්නේ
පින් ඇති අය රැකියා කොට වෙහෙසී හෝ
- නිකම්ම සිට හෝ ඒවා පරිභෝග කරන්නේ

(2)

පින් කළ අය හැම තැනදී ම
- අනිත් සියලු සතුන් ඉක්ම
- සැපය කරා යන්නේ
ධනය ලැබෙන රැකියාවල පින් ඇති අයටයි
- නිතර ම බොහෝ ධනය උපදින්නේ

ඊට පස්සේ භාග්‍යවතුන් වහන්සේ අනේපිඬු සිටාණන්ට මෙසේ වදාළා. "ගෘහපතිය, මේ සත්වයන්ට පිනට සමාන කළ හැකි වෙනත් දෙයක් නෑ. පින් ඇති

උදව්යට ඉල්ලම් නැති තැන්වලත් මැණික් ලැබෙනවා. ආකර නැති තැන්වලත් රුවන් ලැබෙනවා. ඒ නිසා නුවණැතියන් හැකිතාක් පින් රැස්කරගන්ටයි මහන්සි ගන්ට ඕනෑ. නුවණැති සත්පුරුෂයෝ සංසාරේ කරන ලද පින් ඇති බවට ප්‍රශංසා කරන්නේ ම ඒ නිසා නොවැ." ඉන්පසු භාග්‍යවතුන් වහන්සේ මේ ගාථාව වදාළා.

(3)

සිරි දෙව්දුව කුකුළාගෙන් බැහැර ගියේ
- බමුණාට පින් නොමැති නිසයි
මැණිකෙන් බැහැරට ගියෙත්
- දණ්ඩෙන් බැහැරට ගියෙත්
පින්ලකුණුදේවී හිසේ පිහිටියේ
- සිටුතුමාගේ පින නිසයි
පවක් නොමැති පෙර කළ පින් ඇති අය හට
- පිනට අයත් දේ ලැබ දෙනවා ම යි

ගෘහපතිය, එදා ඇත්ආචාරීන්ව සිට පස්සේ රජ වුනේ අපගේ ආනන්දයෝ. එදා ඒ රජ්ජුරුවන්ගේ කුලුපග ඉර්ධිමත් තවුසාව සිටියේ මම" යි කියා භාග්‍යවතුන් වහන්සේ මේ ජාතකය නිමවා වදාළා.

05. මණිසූකර ජාතකය

මැණිකේ දිස්නය නැති කරන්ට මහන්සිගත් ඌරන්ගේ කතාව

පින්වතුනේ, පින්වත් දරුවනේ,

ඊර්ෂ්‍යාව කියන්නේ පුදුම සහගත භයානක දෙයක්. තවත් කෙනෙකුට කීර්ති ප්‍රශංසා ලැබුනොත්, ලාභ සත්කාර ලැබුනොත් ඒක නැති කරන්නේ කොහොම ද කිය කියා ඒ වෙනුවෙන් ඕනෑම නීච දෙයක් කරන්ට සූදානමින් ඉන්නා අය ලෝකේ මොනතරම් ඉන්නවා ද. අපගේ භාග්‍යවතුන් වහන්සේවත් එකල තිබුනු සමාජය තුළ දරුණු ඊර්ෂ්‍යාවන්ට ලක්වුනා. මේ කතාවෙන් කියැවෙන්නේ එවැනි අවස්ථාවක් ගැනයි.

ඒ දිනවල අපගේ භාග්‍යවතුන් වහන්සේ වැඩ වාසය කොට වදාළේ සැවැත්නුවර ජේතවනයේ.

ඔය කාලේ භාග්‍යවතුන් වහන්සේ ගැන මහා යසගී රාවයක් දඹදිව පුරා පැතිර ගියා. බොහෝ පිරිස් ඇවිත් ඇවිත් බුද්ධ ශාසනේ පැවිදි වුනා. රහතන් වහන්සේලා හැම තැන ම දකින්ට ලැබුනා. භික්ෂු සංඝයා ගැනත් පොදු ජනයා අප්‍රමාණ ප්‍රසාදයකින් වාසය කළේ. පස් මහා නදිය දෙව්රමට ගලනවා වගේ මහා ලාභ සත්කාර ලැබුනා.

තාපස, පරිබ්‍රාජක, නිගණ්ඨ, තීර්ථකයන්ගේ තිබුණු ප්‍රසිද්ධිය හිරු නැගුනාට පසු එළිය නැතිවන කණාමැදිරියන්ට වගේ වුනා. ඔවුන් මේ ගැන බලවත් ඊර්ෂ්‍යාවෙන් යුක්තව භාග්‍යවතුන් වහන්සේගේ කීර්ති නාමය විනාශ කරන්ට නොයෙකුත් උපක්‍රම ගැන සාකච්ඡා කළා. "හනේ බලාපන් අපට වෙච්චි දේ! ශ්‍රමණ ගෞතමයා පහළ වෙච්චි කාලේ පටන් අපට ලැබුනු ලාභ සත්කාර කීර්ති ප්‍රශංසා නැත්තට ම නැති වුනා. ඉස්සර අපේ පස්සේ වැටී සිටි එවුන්ට දැන් අපි උන්නාද මළා ද කියාවත් වගක් නෑ. මොකක් හරි ක්‍රමේකින් ශ්‍රමණ ගෞතමයන්ට නින්දා අපහාස රැල්ලක් උපදවා ඔය ලැබෙන ලාභ සත්කාර නැති කොට දාන්ට ඕනෑ ම යි."

ඔවුන් මෙසේ කතාබස් කරමින් ඉන්නා දවසක ඔවුන්ගේ තාපසියක් වන සුන්දරී නමැත්තිය ඔවුන් වෙත ආවා. වන්දනා කොට එකත්පස්ව සිටියා. තවුසෝ කවුරුවත් වචනයක් කතා කළේ නෑ. එතකොට ඈ නැවත නැවතත් පෙරැත්ත කරමින් කතා නොකර ඉන්ට එපාය කියා හඬ හඬා කීවා. "ආර්යයන් වහන්සේලා මාත් එක්ක නොදොඩා ඉන්නේ කාගෙන් හරි කරදරයක් පීඩාවක් වෙලා හිතේ අමාරුවෙන් වත් ද?" කියා ඇසුවා. එතකොට තීර්ථකයෝ කතා කළා.

"නගා, මේ අසාපන්. ශ්‍රමණ ගෞතමයෝ අපිව හරියට වෙහෙසවනවා. පීඩාවට පත් කරනවා. බලාපන් අපට හරි හමන් දානෙ ටිකක් නෑ. පිළිගැනීමක් නෑ. අපේ තැන් දැන් පාලුයි. අපි දිහා බලන්ට එකෙක් නෑ."

"හනේ... ඒක මටත් තේරුනා. ඉතින් අපි ඒකට මොකක් දෑ කරන්ට ඕනෑ?"

"නඟා... උඹ තවුසියක් වුනාට ඉටි රූපයක් වගේ ලාස්සනයි නොවැ. මනස්කාන්ත රුවින් අගපත් නොවැ. ශ්‍රමණ ගෞතමයන්ව නින්දාවට පත් කරන්ට උඹට පුළුවනි. ආන්න ඒක අපට කරලා දීපං. ශ්‍රමණ ගෞතමයන්ගේ ලාභ සත්කාර රැල්ල නවතා දමාපන්. ඒ ඇති."

"ආර්යයන් වහන්ස, මං ඔහේලා කියූ ලෙසින් වැඩේ කරලා කට කතාව ඇහෙන්ට සලස්සන්නම් හොඳේ" කියාලා සුන්දරී තවුසිය තමන්ගේ වැඩ කටයුතු පටන්ගත්තා.

එදා පටන් සුන්දරී මල්, සුවඳ වර්ග, සඳුන්, කපුරු ආදිය ගෙන දෙව්රම දෙසට යනවා. ඒ භාග්‍යවතුන් වහන්සේගේ ධර්මය අසා මහජනයා දෙව්රමින් පිටත් වෙන වෙලාව යි. "අනේ සුන්දරී, ඔයා දැන් එන්නේ ඇයි? අපි මේ බණ අසා යන ගමන්. දැන් මේ කොහේ ද යන්නේ?"

"හා... ඔයාලා නිකාං දන්නෑ වගේ කතා කරන්නේ. රුවැති ළඳට යන්ට තැන් ද දෙව්රමේ නැත්තේ. මං යන්නේ කොයිබද කියා ඔහේලා දන්නවැයි? නැහැ නොවැ... හරි... එහෙනං දැන ගන්ට.. මං... යන්... නේ... ශ්‍රමණ ගෞතමයන්ගේ ගඳකිළියේ රෑට නවතින්ට... ඕං අහගත්තානේ. එහෙනම් මං යනවා හොඳේ" කියා මහජනයාට පිළිකුළ හටගන්නා ආකාරයේ බස් දොඩමින් දෙව්රම දෙසට යනවා. එතැනින් පහළට බැස කාටත් හොරෙන් ම තීර්ථකාරාමයට යනවා. උදේ පාන්දරින් දෙව්රමින් පිටතට යන බවක් හඟවමින් දෙව්රමට යන මග ඔස්සේ නගරය දෙසට එනවා.

"සුන්දරී... ඔයා ඔය ඊයේ සවස ගිය ගමන් ද? කොහි ද ගියේ හැබෑට... ඇත්ත කියහං."

"හත්... ඒකත් දැන ගන්ට ඕනෑ ද ඔහේලාට... හනේ... හනේ... අනුන්නේ දේ ම සොයන හැටි. ශ්‍රමණ ගෞතමයන්ව සනසන්ට මං හැර වෙන කවුද ඉන්නේ. උන්නාන්සේ හුදෙකලාවේ දුක් විඳිනවා... අනේ මං තමයි ගොහින් ගන්ධකුටියේ රෑට නැවතිලා ඒ තනිකං නැති කොරන්නේ."

"ඡී.... මේ ලාමක ස්ත්‍රිය කියන කථා!" කියමින් මහජනයා කන් වසාගන්නවා. ඇස් වසාගන්නවා. තවත් කොටසක් සිතුවේ ඇ ඇත්තක් කියන බවයි. මහජනයා අතර ටිකෙන් ටික මේ ගැන කසු කුසුව හටගත්තා. එතකොට තීර්ථකයෝ සොරුන්ට මුදල් දී සුන්දරී මරවා භාග්‍යවතුන් වහන්සේ වැඩ හිඳින ගන්ධකුටිය ආසන්නයේ ඇති පරමල් දමන වළේ සැඟවෙව්වා.

ඊට පස්සේ තීර්ථකයෝ "අයියෝ... අපේ සුන්දරී අතුරුදහන් වෙලා" කියා මහා කෝලාහලයක් කරගෙන මහජනයා පිරිවරාගෙන කොසොල් රජු ළඟට ගොස් පැමිණිලි කළා.

"හරි... මේ ගැන තොපට ඇති සැකය මොකක්ද?"

"දේවයන් වහන්ස, මේ කියන දවසෙත් සුන්දරී ජේතවනයට ගිහින් තියෙනවා. ඊට පස්සේ ඇට වෙච්චි දෙයක් කවුරුත් දන්නේ නෑ. ඒ නිසා අපි දෙව්රම පරීක්ෂා කොට බලන්ට ද?"

"ඔව්... ඒකෙ වැරැද්දක් නෑ. ගිහින් සොයා බැලුවට මක් වෙනවා ද."

කොසොල් රජුගේ අවසරය ලබාගත් කූට තීර්ථකයෝ තමන්ගේ දායක පිරිසත් සමඟ ජේතවනාරාමයට කඩා වැදුනා. එහෙ මෙහෙ සොයනවා වගේ ගිහින් මල් දමන වළ අවුස්සන්ට පටන් ගත්තා. "මේ බලාපල්ලා... මේං... සුන්දරී ඉන්නවා" කියා කෑ ගසන්ට පටන් ගත්තා. සුන්දරීගේ මළකඳ ගොඩට ගෙන ඇඳක තබාගත්තා. තීර්ථකයෝ ආයෙමත් ගිහින් කොසොල් රජ්ජුරුවන්ට පැමිණිලි කළා. "දේවයන් වහන්ස, අපි සුන්දරීගේ මිනිය සොයාගත්තා. ශ්‍රමණ ගෞතමයන්ගේ ශ්‍රාවකයෝ ශාස්තෘන් වහන්සේ කරපු පාපකර්ම සඟවා දමන්ට ඕනෑ කියලයි සුන්දරීව මරවා මල් ගොඩේ සඟවා තියෙන්නේ. ඒ නිසා දේවයන් වහන්ස, මහජනයා මේකේ ඇත්ත දැනගන්ට ඕනෑ. සුන්දරීගේ මිනිය නගරයේ හැමතැන ම අරගෙන ගොහින් පෙන්වන්ට ඕනෑ."

"හොඳා එහෙනම්... නගරයට ගෙනිහින් පෙන්වනු."

එතකොට අන්‍ය තීර්ථකයෝ සුන්දරීගේ මිනිය පෙන්නමින් නගරයේ වීදියක් ගානේ ගියා. "මේං බලාපල්ලා... ශ්‍රමණ ශාක්‍යපුත්‍රයන්ගේ වැඩ බලාපල්ලා. අහස පොළොව නුහුලන මේ අපරාධය හොඳහැටි දැකපල්ලා" කියලා ඇති පදමට නින්දා අපහාස කළා. කොසොල් රජ්ජුරුවෝ සුන්දරීගේ මිනිය අමු සොහොනේ අට්ටාලයක තබ්බවා රැකවල් දැම්මා. මාර්ගඵලලාභී ආර්ය ශ්‍රාවකයන් හැර සැවැත්නුවර සිටි සාමාන්‍ය මහ ජනයා භික්ෂූන් වහන්සේලා දුටු දුටු තැනදී නගරයේත් ආරණ්‍යයේත් තදබල ලෙස නින්දා අපහාස කරන්ට පටන් ගත්තා. භික්ෂූන් වහන්සේලා මේ ගැන භාග්‍යවතුන් වහන්සේට සැළ කළා. එතකොට භාග්‍යවතුන් වහන්සේ

එහෙම චෝදනා කරන මිනිසුන්ට මේ ගාථාවෙන් පිළිතුරු දෙන්ට කියා මේ ගාථාව වදාළා.

පිරිසිදු වූ නිදොස් අයට අභූත දෙයින් බණින කෙනා
- මරණින් මතු නොවැරදී ම නිරයේ උපදින්නේ
යමෙක් දරුණු පව්කම් කොට තමා නොකළ බව කියයි ද
- මේ දෙන්නම මරණින් මතු එක තැනට යි යන්නේ
පහත් නීච පව්කම් කොට ඒ අය පරලොව ගියවිට
- බිහිසුනු නිරයේ ඒ පව් විඳින්ට සිදුවන්නේ

ඊට පස්සේ භික්ෂූන් වහන්සේලා තමන්ට නින්දා කරන මිනිස්සුන්ට මේ ගාථාව කිව්වා. කොසොල් රජුටත් මේ ගාථාව ගැන දැනගන්ට ලැබුනා. රජ්ජුරුවෝ සුන්දරී මරන්ට ඇත්තේ වෙනින් කවුරුන් හෝ වෙන්ට ඇති කියා ඒ ගැන සොයන්ට චරපුරුෂයෝ දැම්මා. සුන්දරී මැරූ සොරු තමන් ලත් මුදලින් රා පොලේ හොඳටම සුරා බී වෙරි මතින් කෝලාහල කරගත්තා. බීමත්ව සිටි එකෙක් මෙහෙම කිව්වා. "හා... තෝ සුන්දරීව එක පහරින් ම මරලා පරමල් වලේ හංගලා ඒකට ලැබුනු ගාස්තුවෙන් හොඳට සුරා බොනවා නේ... හොඳා තව බීපං, තව බීපං..." එතැන වෙස්වළාගෙන සිටිය රාජ පුරුෂයෝ ඔවුන් අල්ලාගෙන කොසොල් රජ්ජුරුවන් ළඟට ගෙන ගියා. රජ්ජුරුවෝ ඔවුන්ගෙන් ප්‍රශ්න කළා.

"ම්... දැන් තොපි ඇත්ත කියාපන්. දන්නවා නොවැ රාජ අණ ගැන. හරි... තොපි නේද සුන්දරී මැරුවේ?"

"එහෙමයි දේවයන් වහන්ස."

"කවුරුන් මෙහෙයවා ද සුන්දරීව මැරෙව්වේ?"

"අන්‍ය තීර්ථකයෝ දේවයන් වහන්ස, අපට ඒක කරන්ට කිව්වේ."

එතකොට රජ්ජුරුවෝ අන්‍ය තීර්ථක තවුසන් ව කැඳෙව්වා. මෙහෙම කිව්වා. "හරි.. දැන් තමුසෙලාට සුන්දරීගේ මිනිය ආයෙමත් ඇඳක තියා දෙනවා. කලින් වගේම නගරයට ඒක අරගෙන යන්ට ඕනෑ. වීදියක් වීදියක් ගානේ ගෙනියන්ට ඕනෑ. ඊළඟට මෙහෙමත් කියන්ට ඕනෑ. 'මේ සුන්දරී අපි මැරුවේ ශ්‍රමණ ගෞතමයන් වහන්සේට නින්දා අපහාස කරන්ට ඕනෑ නිසයි. ශ්‍රමණ ගෞතමයන් වහන්සේගේ කිසි වරදක් නෑ. ශ්‍රාවක භික්ෂූන්ගේත් කිසි වරදක් නෑ. අපි ම යි මේ භයානක අපරාධ කළේ' කිය කියා යන්ට ඕනෑ." එතකොට රාජ අණට යටත් වූ තීර්ථකයෝ එහෙම කළා. මෝඩ ජනයාට එදා තමයි ඇත්ත වැටහුනේ. තීර්ථකයන්ටත් සුන්දරී මැරූ අයටත් දඬුවම් ලැබුනා. එතැන් පටන් භාග්‍යවතුන් වහන්සේට කලින්ටත් වඩා ලාභ සත්කාර ගලාගෙන ආවා.

දවසක් දම්සභා මණ්ඩපයේ රැස්වූ භික්ෂූන් වහන්සේලා මේ ගැන කතා කරමින් සිටියා. "ඇවැත්නි, භාග්‍යවතුන් වහන්සේගේ චරිතය කැළැල් කරන්ට ගොහින් තමන්ගේ චරිතය ම යි කැළැල් වුනේ. මේ තීර්ථකයන් බොහෝ පව් කරගත්තා. මිනිසුන්ට පව් කෙරෙව්වා."

ඒ අවස්ථාවේ භාග්‍යවතුන් වහන්සේ එතැනට වැඩම කොට වදාළා. භික්ෂූන් වහන්සේලා තමන් කතා කරමින් සිටි කරුණ භාග්‍යවතුන් වහන්සේට සැළකළා. භාග්‍යවතුන් වහන්සේ මෙසේ වදාළා.

"මහණෙනි, බුදුවරයන් වහන්සේලාට කැළැල්

උපද්දවන්ට බෑ. ඒක හරියට ස්වභාවයෙන් ම බබළන මැණිකක් කිළිටි කරන්ට මහන්සි ගැනීමක් වගෙයි. ඉස්සරත් ස්වභාවයෙන් ම බබළන මැණිකක් කිළිටි කරන්ට ඕනෑ කියා මහන්සි ගත්තා. නමුත් කරගන්ට බැරි වුනා.”

එතකොට භික්ෂූන් වහන්සේලා ඉස්සර සිදු වූ ඒ දේ කියාදෙන්ට කියා භාග්‍යවතුන් වහන්සේගෙන් ඉල්ලා සිටියා. භාග්‍යවතුන් වහන්සේ මේ අතීත කතාව ගෙනහැර දක්වා වදාළා.

“මහණෙනි, ගොඩාක් ඉස්සර කාලෙක බරණැස්පුරේ බ්‍රහ්මදත්ත නම් රජ්ජුරු කෙනෙක් රාජ්‍ය කරමින් සිටියා. ඔය කාලේ මහා බෝධිසත්වයෝ එක්තරා ගමක බ්‍රාහ්මණ පවුලක උපන්නා. වියපත් වුනාට පස්සේ ගිහි ජීවිතේ අත්හැර හිමාලයට ගොහින් තුන් පර්වත වළල්ලෙන් එපිටට ගිහින් තාපසයෙක් වෙලා පන්සලක ජීවත් වුනා. ඒ තාපසින්නාන්සේගේ කුටියට නුදුරින් මැණිකින් කළ ගුහාවක් තියෙනවා. ඒ ගුහාවේ ඌරෝ තිහක් පමණ ඉන්නවා. ඒ ගුහාවට නුදුරින් එක් සිංහයෙක් ගමන් කරනවා. එතකොට සිංහයාගේ ඡායාව මැණික් මත පැහැදිලි ව පේනවා. සිංහ ඡායාව දකින කොට ඌරෝ බියෙන් සලිත වෙලා යනවා. මේ නිසා ම අධික භීතිය හේතුවෙන් ඔවුන් හොඳටම කෙට්ටු වුනා. දවසක් ඌරෝ මෙහෙම කතාවුනා. “මේ මැණික දිලිසෙන එක අපට හරිම කරදරයි. මේකේ සිංහයාගේ ඡායාව පේන එක නවත්තන්ට විදිහක් ඇත්තේ ම නෑ. අපි මේ මැණිකේ දිලිසීම නැති කරදාමු” කියලා ඒ ළඟ ඇති විලකට ගිහින් මඩ තවරාගෙන ඇවිත් අර මැණික් මතුපිට අතුල්ලන්ට

පටන් ගත්තා. ඌරු ලොම්වලින් මැණික මතුපිට ඇතිල්ලෙන විට කලින් තිබුනාටත් වඩා මැණික බබළන්ට පටන් ගත්තා. ඌරන්ගේ උපාය වැරදුනා. වෙන උපායක් හිතාගන්ටත් බෑ. මේ මැණික දුර්වර්ණ කරන උපායක් තාපසින්නාන්සේගෙන් වත් අසන්ට ඕනෑ කියලා ඌරෝ බෝධිසත්වයෝ ළඟට ආවා. ඇවිත් වන්දනා කොට එකත්පස්ව සිට මේ ගාථාවන් පැවසුවා.

(1)

තිහක් පමණ ඌරෝ වන මේ අසරණ අපි
දැන් සත් අවුරුද්දක් තිස්සේ මැණික් ගුහාවේ ඉන්නේ
මැණිකේ දිලිසීම නසා දමන්ට ම යි ඕනෑ
ඒ ගැන ම යි නිතරම අපි මේ දොඩමින් ඉන්නේ

(2)

ඇඟ තවරාගෙන ආ මඩ තදින් අතුල්ලනවා
අනේ එතකොට මැණික තවත් වැඩියෙන් දිලිසෙනවා
මේකට අපි කළ යුතු දේ අසාගන්ට ආවේ
මැණික් එළිය වනසන හැටි මගක් කියාපන්නේ

එතකොට බෝධිසත්වයෝ මේ ගාථාවෙන් පිළිතුරු දුන්නා.

(3)

මැණික කුමක් දැයි ඌරනි නුඹලා දන්නේ නෑ
මේ මැණිකත් විදුරුමිණක් අති නිමලයි ගොරෝසු නෑ
සුන්දර ලෙස බබළනවා ඒක මැණිකෙ හැටි
නසන්ට බෑ එය නුඹලට පලයව් වෙන අතක් බලා

එතකොට බෝධිසත්වයන් පැවසූ කරුණ ඌරන්ට පිළිගන්ට සිදුවුනා. ඌරෝ වෙන පළාතකට ගියා.

මහණෙනි, එදා තාපසයාව සිටියේ මම" යි කියා භාග්‍යවතුන් වහන්සේ මේ ජාතකය නිමවා වදාළා.

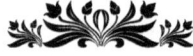

06. සාලුක ජාතකය

සාලුක නමැති ඌරාගේ කතාව

පින්වතුනේ, පින්වත් දරුවනේ,

මේ සංසාර ගමනේදී අප තුළ නොයෙක් පුද්ගලයන් කෙරෙහි ආශාවන්, බැඳීම්, වසඟ වීම් ඇති වෙනවා. ඒ තමා බැඳුනු පුද්ගලයා නිසා ම තමා මහත් විනාශයකට පත් වෙන අවස්ථාත් තියෙනවා. නමුත් ඒ ආශාව නැති නොවී තමා ළඟ තිබී තමාට නොදැනීම අවස්ථානුකූලව මතු වෙනවා. ආයෙමත් ඒ ආශාව හටගත් පුද්ගලයා පසුපස ගියොත් ආයෙමත් විනාශයට පත්වෙනවා. මේ ගැන නුවණින් සිතන්ට පොළඹවන ලස්සන කතාවක් දැන් ඉගෙන ගන්ට ලැබෙන්නේ.

ඒ දිනවල අපගේ භාග්‍යවතුන් වහන්සේ වැඩ වාසය කළේ සැවැත්නුවර ජේතවනයේ.

සැවැත්නුවර සිටි තරුණයෙක් ඉතාම ශ්‍රද්ධාවෙන් බුද්ධ ශාසනයේ පැවිදි වුනා. නමුත් තමන්ගේ සිතේ හටගන්නා අකුසල් තමන්ව ධර්මයෙන් බැහැරට ගෙන යන්ට පුළුවන් බවට කල්පනාවෙන් සිටියේ නෑ. ඉන්ද්‍රියයන් සංවර ව පවත්වන්ට උනන්දු වුනේ නෑ. සසර ගමනේ ඇති බිහිසුණු බව ගැන මෙනෙහි කළේ නෑ.

ඉතින් මේ භික්ෂුව සැවැත්නුවර පිඬු සිඟා යද්දී එක්කරා නිවසකින් විශේෂ සැලකිලි ලැබෙන්ට පටන් ගත්තා. ඒ නිවසේ කසාදයක් කරගන්න බැරිවෙච්ච් නාකි ලමිස්සියක් ඉන්නවා. ඈ තමයි මේ උන්නාන්සේට විශේෂ සැලකිලි දැක්වූයේ. කලක් යද්දී මේ භික්ෂුවටත් ඈ ගැන පිළිබඳ සිතක් ඇති වුනා. ඒ ස්ත්‍රියට ඕනෑ උනේ ඔය ටික කරගන්ටයි. වැඩිහිටි තෙරුන්නාන්සේලාට මේ භික්ෂුවගේ වෙනස තේරුණා. භාග්‍යවතුන් වහන්සේ ළඟට මේ භික්ෂුව අකැමැත්තෙන්ම රැගෙන ගියා. භාග්‍යවතුන් වහන්සේ විමසා වදාළා.

"ඇයි භික්ෂුව... සිවුරු හැර යන්ට හිතෙන තරම් ප්‍රතිපදාව එපාවෙන්ට තමන්ව පෙළඹෙව්ව කවුරුවත් ඉන්නවාද?"

"එහෙමයි භාග්‍යවතුන් වහන්ස, නාකි ලමිස්සියක් මට ආදරෙන් සලකන්ට පටන් ගත්තා. ඈ තමයි මගේ සිත වෙනස් කළේ."

"භික්ෂුව... ඔබ දන්නවාද ඔය ස්ත්‍රිය තමන්ට පෙර ආත්මයේත් මුණ ගැහුණු එකියක බව. ඒ ආත්මයේ ඔය ගෑණිගේ විවාහ මංගල්ලෙට ආපු මිනිස්සුන්ගේ කෑම මේසේ උඩින් ම තිබ්බේ ඔබව මැරූ මස් බව ඔබ දන්නවාද?"

එතකොට භික්ෂූන් වහන්සේලා ඒ අතීත සිද්ධිය කියා දෙන්ට කියා භාග්‍යවතුන් වහන්සේගෙන් ඉල්ලා සිටියා. භාග්‍යවතුන් වහන්සේ මේ අතීත කතාව ගෙනහැර දක්වා වදාළා.

"මහණෙනි, ගොඩාක් ඉස්සර කාලෙක බරණැස්පුරේ

බ්‍රහ්මදත්ත නම් රජ්ජුරු කෙනෙක් රාජ්‍ය කරමින් සිටියා. ඔය කාලේ මහා බෝධිසත්වයෝ මහාලෝහිත නමින් ගව යෝනියේ ඉපදිලා සිටියා. මේ මහාලෝහිත ගවයාට චුල්ලලෝහිත නමින් බාල සහෝදර ගවයෙක් හිටියා. මේ ගවයන් දෙන්නාම එකම ගමගෙදරක වැඩ කළේ."

ඔය ගෙදර නිසි කල වයසේදී දීග යන්ට බැරි වෙච්චි නාකි ලමිස්සියක් සිටියා. දැන් කාලයක් තිස්සේ ඈට ගෙදරින් කසාදයක් සොයනවා. ඈගේ විවාහ මංගල්ලෙදී කෑම මේසෙට යවන්ට හොඳ දෙයක් තියන්ට එපායැ කියා ඌරෙක්ව ඇති දැඩි කරනවා. මේ ඌරාගේ නම සාලුක. සාලුකයාට සලකන්නේ නාකි ලමිස්සි ම යි. ඈ ඇවිත් සාලුකයාට හොඳට කැඳ බත් ආදිය දෙනවා. සාලුකයාත් ඈට පෙම් බැඳ ඈ පස්සේ ම වැටිලා හිටියා. සාලුකයා නිදන්නෙත් ඈගේ ඇඳ යට.

දවසක් චුල්ලලෝහිත ගවයා තම වැඩිමහල් සහෝදර මහාලෝහිතයාට මෙහෙම කිව්වා. "බලන්ට අයියණ්ඩි, අපි මේ ගෙදර මොනතරම් වැඩ කරනවා ද? අපි නිසා ම යි මෙයාලා ජීවත්වෙන්නේ. නමුත් මේ මිනිස්සු අපට තණකොළ පලාවර්ග විතරයි නොවැ දෙන්නේ. බත් වල රස මොන වගේ ද කියලවත් අපි දන්නෑ නොවැ. ඒකට ආං අර ඌරට කොහොමද සැලකිලි. ඇඳ යට ම නිදි කරවාත් ගන්නවා. ඒකා කරන මුකුත් වැඩක් පලක් ඇත්තෙත් නෑ."

එතකොට බෝසත් ගවයා මෙහෙම කිව්වා. "හාපෝ... මල්ලියේ... උඹ නම් ඔය ඌරා කන බොන දේවල්වලට ආශා කරන්ට එපා. ඔය නාකි ලමිස්සි ඌරාට සලකන්නේ ආදරේට නොවෙයි. තමුන්ගේ විවාහ

මංගල්ලේ දවසට එන මිනිසුන්ගේ කෑම මේසෙට යවන්ට යි. හොඳට කන්ට බොන්ට දුන්නාම ඇඟ මස් හොඳට තරවෙලා එනවා නොවැ. තව ටික දවසක් බලන්ටකෝ. මොකක්ද සාලුකයාට වෙන්නේ කියා අපිට බලාගන්ට පුළුවනි" කියා මේ ගාථාවන් පැවසුවා.

(1). **සාලුකයා ඔය කන්නේ**
- තමන්ගෙ මරණය කැඳවන
වධක බොජුන් බව හොඳහැටි
- අපි දැනගත යුත්තේ
එනිසා තණකොල කාපන්
- එයින් දිගාසිරි වැඩේවි
බත් කන්නට කැමති නොවී
- එය අත් හළ යුත්තේ

(2). **ටික දොහකින් මංගල්ලෙට**
- මහා සෙනඟ රැස්වෙන විට
ආගන්තුක සත්කාරෙට
- වෙන මොනවද දෙන්නේ
මොහොල් දෙකක් මැද බුදියන
- සාලුකයා මැරූ මසින්
සියලු දෙනා කන බොන හැටි
- බලන්ට හැකිවන්නේ

වැඩි දවසක් ගියේ නෑ. මංගල්ලෙට දින නියම වුනා. සාලුකයා මරහඬ දී කෑගසද්දී ඇදගෙන ගිහින් මැරුවා. ඒ මසින් තමයි මංගල්ලෙට ආපු හැමෝටම සැලකුවේ. මේ සිද්ධිය දුටු ගවයෝ දෙන්නා "හප්පේ... මේ තණකොළ කෑම කොතරම් අගේ ද" කියා කතාවුනා."

මේ ගැන වදාළ භාග්‍යවතුන් වහන්සේ මේ

තුන්වැනි ගාථාව වදාළා.

(3). **මොහොල් දෙකක් මැද සැතැපුනු**
- ඌරාගේ ඉරණම දැක
මිනිසුන්ගේ කෑමට ඇති ඇල්මයි දුරුවූයේ
තණකොළ කෑමෙන් අපහට
- මේ ඉරණම නැති බව දැන
තණකොළ ම යි උතුම් කියා ඒ ගවයෝ සිතුවේ

භාග්‍යවතුන් වහන්සේ මේ සසරේ ඇති භයානක කම පෙන්වා දී චතුරාර්ය සත්‍යය ධර්මය වදාළා. ඒ ධර්ම දේශනාව අවසානයේදී සිවුරු හරින්ට සිතා සිටි භික්ෂුව සෝවාන් ඵලයට පත් වුනා.

"මහණෙනි, එදා සාලුකයාට කන්ට බොන්ට දී හදාගෙන මංගල්ලෙට මරා මස් කළ ස්ත්‍රියව සිටියේ අද මේ භික්ෂුවට දානය දී සිවුරු හරින්ට පොළඹවාගත් ඔය ස්ත්‍රිය ම යි. එදා චුල්ලලෝහිත වෙලා සිටියේ අපගේ ආනන්දයෝ. මහාලෝහිත ගවයාව සිටියේ මම" යි කියා භාග්‍යවතුන් වහන්සේ මේ ජාතකය නිමවා වදාළා.

07. ලාභගරහ ජාතකය

ලාභයට ගැරහූ මානවකයාගේ කතාව

පින්වතුනේ, පින්වත් දරුවනේ,

මේ ලෝකයේ සෑම තැන ම තියෙන්නේ ලාභ සත්කාර ආදියට ඇති කැමැත්ත මිසක් එයට ගැරහීම නොවේ. එසේ නමුත් ධර්මය ම ප්‍රශංසා ලබන, ප්‍රතිපදාව ම ප්‍රශංසා ලබන, විමුක්තිය ම ප්‍රශංසා ලබන අප භාග්‍යවතුන් වහන්සේගේ බුද්ධ ශාසනයේ නම් ලාභ සත්කාර කීර්ති ප්‍රශංසා හිතාමතා උපදවා ගන්ට දරණ උත්සාහයන් නිතර ගැරහුමට ලක්වෙනවා. මේ එබඳු කතාවක්.

ඒ දිනවල අපගේ භාග්‍යවතුන් වහන්සේ වැඩ වාසය කොට වදාළේ සැවැනුවර ජේතවනයේ.

ඔය කාලේ අපගේ ධර්මසේනාධිපතීන් වහන්සේ සමඟ වාසය කරන ශිෂ්‍ය තෙරනමක් උන්වහන්සේ ළඟට ඇවිත් වන්දනා කොට එකත්පස්ව වාඩි වී මේ ප්‍රශ්නය ඇසුවා.

"ස්වාමීනී, ලාභ උපදවන ප්‍රතිපදාව ගැන අපට පහදා දෙනු මැනව. මොන විදිහේ කටයුතු කළෝතින් ද අපට පහසුවෙන් සිව්පසය ලබාගන්ට හැකි වන්නේ?"

එතකොට සාරිපුත්තයන් වහන්සේ මෙසේ වදාළා.

"ඇවත, සතර අංගයකින් යුක්තව කටයුතු කරන්ට පටන් ගත්තොත් ලාභසත්කාර ලැබේවි.

1. ඉස්සෙල්ලාම තමන්ගේ ලැජ්ජාව බිඳගන්ට ඕනෑ. පැවිදි ජීවිතයකට අනුගමනය කරන්ට ලැබෙන ප්‍රතිපදාවත්, පැවිද්දෙන් ලබාගත හැකි මාර්ගඵල නිවන ගැන අදහසුත් අත්හරින්ට ඕනෑ. උම්මත්තක නොවී සිටත් උමතු වූ කෙනෙකු සෙයින් සිහි මුළාව සිටින්ටත් ඕනෑ.

2. ධනවත් රජ පවුල් එක්ක එකතු වෙන්ටත් ඕනෑ. ඊටපස්සේ පක්ෂග්‍රාහීව කටයුතු කරමින් විරුද්ධකාරයන්ගේ අඩුපාඩු කියන්ටත් ඕනෑ. එතකොට රජවරු මේ මහණුන්නාන්සේ අපට බොහෝම පක්ෂපාතයි නොවැ, සෙනෙහෙවන්තයි නොවැ, මතුවට ප්‍රයෝජනයි කියා ධනය ලබා දේවි. ඉහළ තැනින් ඔසොවා තබාවි. ඒ වැඩේට කේළාම් කීමට දක්ෂ වෙන්ට ඕනෑ.

3. නැටුම් නටන පුරුෂයෝ තමන්ගේ ලැජ්ජාව පසෙක දමා ලාභාපේක්ෂාවෙන් ඕනෑම නැටුමක් නටන්ට ලේස්තියි, අන්න ඒවාගේ ලැජ්ජා භය පසෙක දමා මුළාවෙන් නැට්ටුවෙක් වගේ, නළුවෙක් වගේ වැඩ කරන්ට ඕනෑ.

4. තමා කළ යුතු දේත් නොකළ යුතු දේත් ගැන දන්නේ නෑ. සංවරයක් නැතිව ඔහේ දොඩනවා. 'අසවල් තැන මිනී මැරුමක්, ගම් පැහැරීමක්, ස්ත්‍රී දූෂණයක්.... ඕවා කාගේ වැඩ ද? ඒවා කළවුන් අල්ලා දඬුවම් දෙන්ට ඕනෑ...' මෙහෙම කියද්දී නිශ්ශබ්දව සිටි උදවියත් ඒ භික්ෂුවට එකතු වෙනවා.

'අසවල් අය ගැනත් අපට ආරංචියි. අසවල් තැන මෙහෙමත් වෙනවාලු' ආදී වශයෙන් කුතුහලයෙන් යුක්තව කතා කරන්ට ඕනෑ. ඒ හේතුවෙන් මහා පිළිගැනීමක් ඇතිව ලාභසත්කාර ලැබෙනවා."

සාරිපුත්තයන් වහන්සේගෙන් මෙය ඇසූ ඒ භික්ෂුව ලාභසත්කාර උපදවන්ට තියෙන වැඩපිළිවෙළට ගරහා අසුනින් නැගිට පිටත්ව ගියා. සාරිපුත්තයන් වහන්සේ භාග්‍යවතුන් වහන්සේ වෙත වැඩියා. භාග්‍යවතුන් වහන්සේට වන්දනා කොට එකත්පස්ව සිට ලාභ සත්කාර ලබන ආකාරය ගැන අසවල් භික්ෂුව අසන ලද්දේ ය කියා විස්තර පවසා සිටියා. එවිට භාග්‍යවතුන් වහන්සේ මෙසේ වදාළා.

"සාරිපුත්තයෙනි, ඔය භික්ෂුව ලාභයට ගරහන, ලාභයට අසතුටු ප්‍රතිපදාවට කැමති කෙනෙක්. ඔය භික්ෂුව ලාභයට ගැරහුවේ මේ ආත්මේ විතරක් නොවේ. ඔයිට කලින් ආත්මෙකත් ලාභයට ගරහා තියෙනවා."

එතකොට අපගේ ධර්මසේනාධිපතීන් වහන්සේ ඒ අතීත කතාව කියාදෙන්ට කියා භාග්‍යවතුන් වහන්සේගෙන් ඉල්ලා සිටියා. භාග්‍යවතුන් වහන්සේ මේ අතීත කතාව ගෙනහැර දක්වා වදාළා.

"සාරිපුත්තයෙනි, ගොඩාක් ඉස්සර කාලෙක බරණැස්පුරේ බ්‍රහ්මදත්ත නම් රජ්ජුරු කෙනෙක් රාජ්‍ය කරමින් සිටියා. ඔය කාලේ මහාබෝධිසත්වයෝ බ්‍රාහ්මණ පවුලක උපන්නා. වයස දහසය වෙද්දී තුන්වේදයත්, දහඅටක් ශිල්ප ශාස්ත්‍රත් ගැන සම්පූර්ණ දැනුමක් ලබා තිබුනා. බරණැස දිසාපාමොක් ආචාරීන් බවට පත් වුනා.

ඒ දිසාපාමොක් ඇදුරුතුමා පන්සියයක් මානවකයින්ට ශිල්ප ශාස්ත්‍ර උගන්වනවා. ඔවුන් අතර එක් ගුණසම්පන්න මානවකයෙක් සිටියා. දිනක් ඔහු දිසාපාමොක් ආචාරීන් වෙත ඇවිත් මෙහෙම ඇසුවා.

"භවත් ආචාර්යපාදයෙනි, මේ සත්වයන්ට ලාභ උපදින්නේ කොහොමද? මොවුන්ගේ මේ ලාභ උපදවන වැඩපිළිවෙළ ගැන කියාදෙනු මැනවි."

එතකොට බෝසත් ඇදුරුතුමා මේ ගාථාව පැවසුවා.

1. ලැජ්ජා භය බිඳගෙන
- ඔහු උමතු නොවී සිටියෝතින්
- ලාභ ලැබෙන්නේ නෑ
එකිනෙකාව අවුලවන්ට
- කේළාම් නොකියා සිටියොත්
- ලාභ ලැබෙන්නේ නෑ
ඕනැම නැටුමක් නටන්ට
- ලෑස්ති පිට නොසිටියොතින්
- ලාභ ලැබෙන්නේ නෑ
හරි වැරැද්ද පෙන්නා දී
- පෙරට ඇවිත් නොසිටියොතින්
- ලාභ ලැබෙන්නේ නෑ
මත් වී සිටිනා අයටත් ලාභ ලැබෙන්නේ
- ලාභ ලැබෙන වැඩපිළිවෙළ
- මෙය බව දැනගන්නේ

බෝධිසත්වයෝ ලාභය ලැබීම පිණිස සත්වයා පිරිහී යන ආකාරය විස්තර කළා. එතකොට ඒ ශිෂ්‍ය

මානවකයා ඒ ලාභයට ගරහමින් මේ ගාථාවන් පැවසුවා.

(2)

හවත් ඇදුරුපාණෙනි ඒ අධර්මය තුළින් උපදින
මහජන පිරිවර හෝ යම් වතුපිටි වාහන ධන හෝ
මේ හැම දෙය ඔහු නිරයට ම යි ඇදගෙන යන්නේ
නින්දා වේවා ඒ අදැහැමි වූ ලාභයට ම!

(3)

ගිහි ගෙදරින් ඉවත්වෙලා පාත්‍රයක් අතට රැගෙන
සියලුම දුසිරිතෙන් වෙන්ව අල්පේච්ඡ වන්නේ
ලද දේකින් සතුටු වෙලා දහම් මග ම පෙරට රැගෙන
ජීවිකාව පැවැත්වීම හැමට උතුම් වන්නේ

මහණෙනි, එදා ඒ මානවකයා ඔය විදිහට ලාභයට ගරහා පැවිදි ජීවිතයට ම යි ප්‍රශංසා කළේ. ඒ ප්‍රශංසා හුදු වචනයට සීමාවුනේ නෑ. ඔහු ගිහි ජීවිතේ අත්හැර ඍෂි පැවිද්දෙන් පැවිදි වුනා. ඉතා අල්පේච්ඡ දැහැමි වූ ආජීවයෙන් කටයුතු කොට ධ්‍යාන සමාපත්ති උපදවා ගෙන මරණින් මතු බඹලොව උපන්නා.

මහණෙනි, එදා ලාභ සත්කාරයට ගරහා පැවිදි වූ තරුණයාව සිටියේ අද ලාභය ගැරහූ භික්ෂුව ම යි. ආචාර්යපාදයන්ව සිටියේ මම" යි කියා භාග්‍යවතුන් වහන්සේ මේ ජාතකය නිමවා වදාළා.

08. මච්ඡුද්දාන ජාතකය

අධික මිළක් කියූ මාළුවාගේ කතාව

පින්වතුනේ, පින්වත් දරුවනේ,

සමහර අය ධාර්මික අයට කිසි භයක් නැතිව වංචා කරනවා. මුළාවේ දානවා. රවට්ටනවා. ගසා කනවා. ඔවුන්ගේ ඒ කටයුත්ත හැමදාම සාර්ථක වෙන්නේ නෑ. මෙයත් එබඳු කතාවක්.

ඒ දිනවල අපගේ භාග්‍යවතුන් වහන්සේ වැඩ වාසය කොට වදාළේ සැවැත්නුවර ජේතවනයේ.

ඔය කාලේ මිත්‍ර වෙළෙන්දෝ දෙන්නෙක් කතාවෙලා දෙන්නා ම සමාන ධනය යොදා ගැල් බරක් අරගෙන වෙළඳාමේ ගියා. ඒ දෙන්නාගෙන් එක්කෙනෙක් උසස් කුලෙන් යුක්තයි. අනිත් කෙනා සාමාන්‍ය කෙනෙක්. උසස් කුලේ කෙනා වංචනිකයි. අනිකා ධාර්මිකයි. එදා ඒ වෙළඳාමේදී සෑහෙන ලාභයක් උපදවාගන්ට පුළුවන් වුනා. නමුත් අර කපටි වෙළෙන්දා ලාභය නොබෙදා කල් දම දමා හිටියා. අන්තිමේදී තමන්ගේ කුලයේ උසස් බවට ලාභයෙන් කොටසක් වෙන් කරගත්තා.

ධාර්මික වෙළෙන්දාට මොහුගේ වංචාව තේරුනා. මොහුට තර්ජනය කොට බලාත්කාරයෙන් ම දෙන්නාට

සාධාරණ වෙන්ට බෙදාගත්තා. මොහු භාග්‍යවතුන් වහන්සේ බැහැදැක සිදු වූ දේ පවසා සිටි විට භාග්‍යවතුන් වහන්සේ මේ අතීත සිදුවීම ගෙන හැර දක්වා වදාළා.

"ගෘහපතිය, ගොඩාක් ඉස්සර කාලෙක බරණැස්පුරේ බ්‍රහ්මදත්ත නම් රජ්ජුරු කෙනෙක් රාජ්‍ය විචාරමින් සිටියා. ඔය කාලේ බෝධිසත්වයෝ සාමාන්‍ය පවුලක ඉපදිලා වියපත් වුනාම පවුල් ජීවිතයක් ගත කරන්ට පටන්ගත්තා. ඔහුට බාල සහෝදරයෙකුත් ඉන්නවා. කලක් යද්දී ඔවුන්ගේ පියා කලුරිය කළා.

දවසක් මේ දෙන්නා තම පියාණන් සන්තකව තිබූ වෙළඳාම් කටයුතු දියුණු කරන්ට ඕනෑ කියා එක් ගමකට ගිහින් කහවණු දහසක ධනයක් ලැබුවා. ඒ ධනයත් අරගෙන ආපසු එද්දී ගං තෙරට ආවා. ඔරුව මෙතෙර එනතුරු ඔවුන් ගෙනා බත්මුලත් ලිහාගෙන අනුභව කළා. බෝධිසත්වයෝ තමන්ට වැඩිපුර තිබූ බත් ගංගාවේ මාළුන්ට දැම්මා. මාළුන්ට ආහාර දීමෙන් ලත් පින නදී දේවතාවුන්ට අනුමෝදන් කළා. නදී දේවතාවෝ බෝසතුන් දුන් පින් බලෙන් වඩාත් යසසට පත් වුනා. බෝධිසත්වයෝ නදී වැල්ලේ ම උතුරු සළුව එළා ටික වේලාවක් හාන්සි වුනා. එහෝම නින්ද ගියා.

ඔය අතරේ බාල සොයුරා මහා කපටි වැඩක් කළා. ඔහු බෝධිසත්වයන්ට නොපෙනෙන්ට කහවණු පොදියේ බරට ඒ විදිහට ම ගල්කැට ගොඩකුත් පොදියකට බැන්දා. ඒ දෙක ම එකතැන තිබ්බා. හැබැයි එතැන පොදි දෙකක් දැන් තියෙනවා කියා බෝධිසත්වයෝ දන්නේ නෑ.

ඔරුව සේන්දු වුනා. දෙන්නාම ගොඩ වුනා. බාල සොයුරා ඔරුව ගඟ මැදට යනකල් බලාගෙන සිටියා.

හෙමිහිට ගල් කැට පොදිය අතට අරගෙන ඔරුව ටිකාක් පැද්දෙන්ට සලස්සා වතුරට දැම්මා. මෙයා කලබලේට වතුරට දමා තියෙන්නේ කහවණු පොදිය! නමුත් තවම මෙයා ඒ වග දන්නේ නෑ.

නදී දේවතාවා මෙය දෙස බලා සිට මෙහෙම සිතුවා. 'හරි... මේ පුද්ගලයා කළේ කපටි කම, තමන්ගේ ම සහෝදරයාව වංචා කොට තනියම කහවණු දහස ගන්ටයි. නමුත් මේ සහෝදරයා තමා මට පින් අනුමෝදන් කළේ. මං මොහු වෙනුවෙන් ඒ කහවණු පොදිය රැකගන්ට ඕනෑ' කියලා.

කපටි සොයුරා මහ හඬින් කෑ ගසන්ට පටන් ගත්තා. "අනේ අයියණ්ඩි. අයියෝ... අපි මහන්සියෙන් සොයාගත් කහවණු පොදිය ගඟ මැදට වැටුනා! අනේ මං දැන් මොකක්ද කරන්නේ?"

බෝධිසත්වයෝ මෙහෙම කිව්වා. "මොනා කරන්ට ද... අපි හිතාමතා ගඟට වැට්ටුවා නොවේ නේ. අපි ජීවත් වෙනකොට ඔහොම දේවල් වෙනවා. දැන් අපි ඕක අත්හරිමු. ඕක ගැන සිතලා වැඩක් නෑ" කියා ඔහුව අස්වැසුවා.

එදා කපටි සොයුරා තමන්ගේ ගෙදරට ගිය ගමන් සතුටින් සිනහ වෙවී, දිව නෙර නෙරා තමන්ගේ උපාය සාර්ථක වූ බව සිතා කුල්මත් සිතින් පොදිය ලිහා බැලුවා. 'අයියෝ... එහෙනම් මං ගඟට දැවේ කහවණු පොදිය ද.... කහවණු පොදිය ද දෙයියනේ...?' කියා හඬ හඬා හදවත ශෝකයෙන් වියලවාගෙන ඇඳට ගොහින් වකුටු වෙලා හූල්ලමින් සිටියා.

ඔය අතරේ දේවතාවා අර කහවණු පොදිය විශාල මාළුවෙකුට ගිලින්ට සැලැස්සුවා. මාළු අල්ලන මිනිස්සු ගඟේ දැල් එලුවා. එදා ඒ විශාල මාළුවාත් අනිත් මාළුන් සමඟ දැළට කොටු වුනා. ඒ මාළු වෙළෙන්දෝ මාළුත් අරගෙන විකුණන්ට නගරෙට ගියා. මිනිස්සු මාළුන්ගේ මිල ඇසුවා.

"මේ විශාල මාළුවා කීයක් වෙනවා ද?"

"මේකා කහවණු දහසකුත් හත් මස්සකට දෙනවා. මොකෝ ගන්නවා ද?"

"හහ්... හා.... වෙළෙන්දනි තමුසෙලාට පිස්සු ද? මාළුවෙක් කොහොමද කහවණු දහසක් වටින්නේ. මෙහෙම වටිනා මාළුවෙක් අපි දැක්කා ම යි. හිහ් හී..." කියමින් මිනිස්සු ඔවුන්ට ඔච්චම් කළා.

මාළු වෙළෙන්දෝ මාළුත් අරගෙන බෝධිසත්වයන්ගේ දොරකඩටත් ආවා. "අනේ මේ මාළුවා ඔබ ගන්ට සතුටු ද?"

"මේකා කීයක් වෙනවාද?"

"සත් මස්සක් දීලා ගන්ට."

"ඇයි සත් මස්සක් දීලා අනිත් අය මේ තරම් ලාභෙට මේ මාළුවා නොගන්නේ?"

"අනේ මිත්‍රයා, අපි අනිත් අයට කීවේ කහවණු දහසකුත් සත් මස්සක් කියලයි. අපි මේ ඔහේට විතරයි මේ ගාණට දෙන්නේ."

ඉතින් ඔහු මාළුවා අරගෙන බිරිඳට දුන්නා. බිරිඳ මාළුවා කපා බලද්දී රන් කහවණු දහසක පොදිය හම්බවුනා. ඒක අරගෙන ගිහින් බෝධිසත්වයන්ට පෙන්නුවා.

"ආ... එහෙනම් මේක හැබෑටම අප සතු දෙයක්. ඒකයි මාළු වෙළෙන්දෝ අනිත් අයට කහවණු දහසකුත් සත් මස්සක් ය කියා කීවේ. එතකොට අනිත් අයට විකුණද්දී ඔවුන්ගෙන් කහවණු දහසකුත් සත් මස්සක් ගන්නවා. එහෙනම් මේ කහවණු දහස මට අයිති එකක් නිසයි මගෙන් සත් මස්සක් විතරක් අරගෙන මාළුවා මට දුන්නේ. මේක මහා පුදුම සහගත දෙයක් නොවැ" කියා මේ ගාථාව පැවසුවා.

(1)

කහවණු දහසකටත් වැඩි මිලකට විකුණන්ට ඇහැකි
මාළුවො ලොව ඇද්ද කියා පුදුම වෙලා ඉන්නේ
මා ළඟ තිබුනේ හැබෑට මේ සත් මස්සක් විතරයි
ඒකට නොවැ මේ මාළුවා මාත් මිලට ගත්තේ

මෙහෙම කියා බෝධිසත්වයෝ කල්පනා කරන්ට පටන් ගත්තා. ඒ මොහොතේ ම නදී දේවතාවා ආකාසෙහි පේන්ට දිස්වුනා. මෙහෙම කිව්වා.

"පින්වත, මං තමයි නදී දේවතාවෝ. දවසක් ඔබ ආහාර අනුභව කොට ඉතිරි ආහාරය නදියේ මාළුන්ට බොජුන් හැටියට දුන්නා. එයින් ලත් පින මට අනුමෝදන් කළා. ඒ නිසයි මං ඔබ සන්තක ධනය රැක දෙන්ට ඕනෑ කියා කල්පනා කළේ." මෙසේ පැවසූ දේවතාවා මේ ගාථාව පැවසුවා.

(2)

නදියේ සිටින මාළු රැළට මෙත් සිතින් බොජුන් පුදා
එයින් ලැබුනු පින ඔබ මට අනුමෝදන් කෙරුවේ
ඔබ මට දුන් ඒ පින ගැන සතුටු සිතින් සිහි කරමින්
ඔබට උරුම ධනය සුරක දෙන්නට ම යි සිතුවේ

මෙසේ පවසා දේවතාවා මෙසේත් කියා සිටියා.

එදා ඔබේ කපටි සහෝදරයා ගඟ මැදදී කහවණු පොදිය ගඟෙන් වැටුණා කියා හඬා වැටුණු හැටි ඔබට මතකද? නෑ... ඔහුගේ අතින් වැටුනා නොවේ. ඔහු ගඟට දැම්මා! ඔහු කලින් ම ඔය කහවණු පොදිය වගේම ගල්කැට පොදියකුත් සූදානම් කරගෙන සිටියේ. ගල්කැට පොදිය ගඟට දමා කහවණු පොදිය ගඟේ වැටුණු බව පවසා ඔබට වංචා කොට කහවණු දහස ම තමා සතු කරගන්ටයි ඔහු මාන බැලුවේ. ඔහුගේ උපාය වැරදුනා. ගල්කැට පොදිය යයි සිතා ඔහු ගඟට දැම්මේ කහවණු පොදියයි. අන්න දැන් ඔහු ඇඳේ වකුටු ගැසී හූල්ල හූල්ලා ඉන්නවා. ඒ නිසා ඔබගේ සොයුරු සොරාට කහවණු නොදී සියල්ල ඔබ ගන්ට කියා මේ තුන්වැනි ගාථාව පැවසුවා.

(3)

පිරිහී ගිය සිතිවිලි ඇති
- සොර සිත් ඇති නපුරු කෙනා
එලොව මෙලොව දෙකේ දී ම
- නොමැත දියුණු වන්නේ
යම් සොයුරෙක් තම පියාට
- සතුව තිබුන ධනය ද ලැබ
එයට ද වංචා කරමින් පව් ම ය කරගන්නේ

දෙවියෝ ඔහු සතු දෙය
- නැත කිසිදා සුරකින්නේ
නැත ඔහු හට දෙව්වරු ලොව
- කිසිදා පුද දෙන්නේ

"ඒ නිසා පින්වත, මිත්‍රද්‍රෝහී සොරෙකුට දෙවියෝ ඔය කහවණු දෙන්ට කැමැති නෑ" කියා දෙවියෝ කියා සිටියා. එතකොට බෝධිසත්වයෝ මෙහෙම කිව්වා.

"අනේ දේවතාවනි, මගේ සහෝදරයා නොවැ. එයා කරගත් දෙය එයා අරගෙන යාවි. මං කැමැති මට ලැබිය යුතු කහවණු පන්සීය පමණයි. මං ඒ නිසා ඔහුට ඉතිරි කහවණු පන්සියය දෙන්නම්" කියා ඔහු වෙත පිටත් කළා.

මෙය වදාළ භාග්‍යවතුන් වහන්සේ චතුරාර්ය සත්‍ය දේශනා කොට වදාළා. ඒ දේශනාව අවසානයේ ධාර්මික වෙළෙන්දා සෝවාන් ඵලයට පත් වුනා. "මහණෙනි, එදා වංචා කළ සොයුරා වෙලා සිටියේ අද කපටි වෙළෙන්දා. ඔහුගේ වැඩිමල් සොයුරාව සිටියේ මම" යි කියා භාග්‍යවතුන් වහන්සේ මේ ජාතකය නිමවා වදාළා.

09. නානාච්ඡන්ද ජාතකය
එකිනෙකා කැමති දේ වෙනස් බව කියැවෙන කතාව

පින්වතුනේ, පින්වත් දරුවනේ,

අපි එකිනෙකාගේ ආශාවන් වෙනස්, කැමැති දේ වෙනස්, සිතන රටාව වෙනස්, අදහස් වෙනස්. ඒ ගැන කියවෙන කතාවකුයි දැන් ඉගෙනගන්ට ලැබෙන්නේ.

ඒ දිනවල භාග්‍යවතුන් වහන්සේ සැවැත්නුවර ජේතවනයේ වැඩ වාසය කොට වදාළේ.

අපගේ භාග්‍යවතුන් වහන්සේ ශ්‍රී සම්බුද්ධත්වය ලබා මුල් අවුරුදු විස්ස ඇතුළත නිත්‍ය උපස්ථායක භික්ෂුවක් සිටියේ නෑ. කලින් කලට විවිධ භික්ෂූන් උපස්ථාන කළා. කලක් නාගසමාල තෙරණුවෝ, කලක් උපවාන තෙරණුවෝ, කලක් මේඝිය තෙරණුවෝ, කලක් සුනක්ඛත්ත භික්ෂුව, කලක් චුන්ද තෙරණුවෝ, කලක් සාගත තෙරණුවෝ භාග්‍යවතුන් වහන්සේට උපස්ථාන කළා.

දවසක් අපගේ භාග්‍යවතුන් වහන්සේ භික්ෂු සංඝයා අමතා වදාළා. "මහණෙනි, මං දැන් තරමක් මහලුයි. මට උපස්ථාන කරන ඇතැම් භික්ෂූන් මා මේ

මගින් යමු කියද්දී ඔවුන් වෙනත් මගකින් යනවා. ඇතැම් භික්ෂූන් මගේ පා සිවුරු පාරේ බිම තියලා ඔවුන් කැමති දිසාවේ යනවා. ඒ නිසා මට නිත්‍ය උපස්ථායකයෙකුගේ අවශ්‍යතාව තියෙනවා. එයට සුදුසු කවුරුන් හෝ භික්ෂුවක් ගැන බලන්ට."

එතකොට අග්‍ර ශ්‍රාවකයන් ආදී කොට බොහෝ භික්ෂූන් ඉදිරිපත් වුනා. භාග්‍යවතුන් වහන්සේ ඒ හැම භික්ෂුවකගේ ම ඉල්ලීම ඉවතට දමා වදාළා. එතකොට එතැන සිටි භික්ෂූන් වහන්සේලා අපගේ ආනන්දයන් වහන්සේ දෙස බලා "ඇවැත් ආනන්දයෙනි, ඔබවත් භාග්‍යවතුන් වහන්සේට උපස්ථාන කිරීමේ අවස්ථාව ඉල්ලා සිටින්ට" කියා පවසා සිටියා. එතකොට අපගේ ආනන්දයන් වහන්සේ භාග්‍යවතුන් වහන්සේට වන්දනා කොට මෙසේ කියා සිටියා.

"ස්වාමීනී, භාග්‍යවතුන් වහන්ස, මම භාග්‍යවතුන් වහන්සේට උපස්ථාන කිරීමට කැමති වන්නේ මා විසින් මේ ඉල්ලා සිටින වර අට ලබාදෙන සේක් නම් පමණි."

"කුමක් ද ආනන්දයෙනි, ඒ අෂ්ටවරය?"

"ස්වාමීනී භාග්‍යවතුන් වහන්ස, ඒ වර අට මේවා ය."

1. භාග්‍යවතුන් වහන්සේට ලැබෙන චීවර මට නොදෙන සේක්වා!

2. භාග්‍යවතුන් වහන්සේට ලැබෙන පිණ්ඩපාත දානය මට නොදෙන සේක්වා!

3. භාග්‍යවතුන් වහන්සේගේ සුගන්ධ කුටියේ මට වාසය කරන්ට නොදෙන සේක්වා!

4. භාග්‍යවතුන් වහන්සේ ඇරයුම් සඳහා මාව ද කැටුව නොවඩින සේක්වා!

5. මා විසින් පිළිගන්නා ඇරයුම්වලට භාග්‍යවතුන් වහන්සේ වඩින සේක්වා!

6. ඈත රටවලින්, ඈත ජනපදවලින් ඉතා දුර බැහැර ගෙවා ඉතා දුකසේ භාග්‍යවතුන් වහන්සේව බැහැදකින්ට පැමිණෙන පිරිසට ඔවුන් පැමිණි විගස ම භාග්‍යවතුන් වහන්සේව මුණ ගස්සවන්ට මට අවසර ලැබේවා!

7. දැන ගත යුතු කරුණු සම්බන්ධයෙන් මට දැන ගැනීමේ අවශ්‍යතාව ඇති වූ විගස ම භාග්‍යවතුන් වහන්සේගෙන් එය දැන ගැනීමේ අවසරය ලැබේවා!

8. මා නැති අවස්ථාවක භාග්‍යවතුන් වහන්සේ අන්‍යයන්ට වදාරණ ධර්මය යළි මා පැමිණි විට මට වදාරණ සේක්වා! ස්වාමීනී, මේ මාගේ වර අටයි.

භාග්‍යවතුන් වහන්සේ අපේ ආනන්දයන් වහන්සේගේ ඒ වර අටට අවසර දී වදාළා. අනුමත කොට වදාළා. එතැන් පටන් අපගේ ආනන්දයන් වහන්සේ සෙවනැල්ලක් සේ වැඩ හිඳිමින් අපගේ ශාස්තෘන් වහන්සේට මෛත්‍රී කාය කර්මයෙන්, මෛත්‍රී වාක් කර්මයෙන්, මෛත්‍රී මනෝ කර්මයෙන් උපස්ථාන කරමින් සිටියා.

දවසක් දම්සභා මණ්ඩපයේ රැස්වූ භික්ෂූන් වහන්සේලා මේ ගැන කතා කරමින් සිටියා.

"ඇවැත්නි, අපගේ ආනන්දයෝ මහා පින්වන්තයි.

අපගේ ශාස්තෘන් වහන්සේ ආනන්දයන් ඉල්ලූ වර අට ඒ අයුරින් ම දී වදාළා"

ඒ අවස්ථාවේ අපගේ භාග්‍යවතුන් වහන්සේ එතැනට වැඩම කොට වදාළා. භික්ෂූන් වහන්සේලා තමන් කතා කරමින් සිටි කරුණ භාග්‍යවතුන් වහන්සේට සැලකළා. භාග්‍යවතුන් වහන්සේ මෙසේ වදාළා.

"මහණෙනි, ආනන්දයෝ මාගේ වරදානයෙන් ආසිරි ලැබුවේ මේ ආත්මේ විතරක් නොවේ. පෙර ආත්මයේත් මගෙන් මොහු ඉල්ලුවේ යමක් යමක් ද, ඒ ඒ සෑම දෙයක් ම දුන්නා" කියා මේ අතීත කතාව ගෙනහැර දක්වා වදාළා.

"මහණෙනි, ගොඩාක් ඉස්සර කාලෙක බරණැස්පුරේ බ්‍රහ්මදත්ත නමින් රජ්ජුරු කෙනෙක් රාජ්‍ය කරමින් සිටියා. ඔය කාලේ මහාබෝධිසත්වයෝ ඒ බරණැස් රජුගේ අගමෙහෙසියගේ කුසේ උපන්නා. තක්සිලාවට ගොහින් ශිල්ප ශාස්ත්‍ර ඉගෙන ගෙන ඇවිත් පිය රජුගේ අභාවයෙන් පස්සේ රජ බවට පත් වුනා.

ඔය කාලයේ පියරජු විසින් තනතුරෙන් පහ කරන ලද පුරෝහිත බ්‍රාහ්මණයෙක් බරණැස නගරයේ කොනක පදිංචි වෙලා සිටියා. ඔහු ඉතා දුකසේ දිරාගිය නිවසක වාසය කළා.

දවසක් බෝධිසත්වයෝ වෙස් වළාගෙන නගරයේ තොරතුරු පරීක්ෂා කරමින් ඇවිද්දා. ඔය අතරේ සොරකමක් කළ සොරමුලක් එක් සුරා සැලකින් සුරා බීලා තවත් සුරා කළයක් අරගෙන ගෙදර යද්දී වීදියේ ඇවිදිමින් සිටින බෝසතුන්ව දැක්කා. "අරේ... මෙහෙ

වර... තෝ මේ තනිපංගලමේ කොහේද යන්නේ? කෝ... ෂා... මේ උතුරු සළුව අපට හොඳා. කෝ... දීපිය ඕක..." කියා එයත් උදුරාගෙන, පහර කීපයකුත් ගසා "හා... දැං ගනිං... මේ රා කළේ" කියා රා කළෙත් කරට දුන්නා.

පුරාණ පුරෝහිත බ්‍රාහ්මණ ඒ මොහොතේ ම එළියට ඇවිත් පාරේ සිට අහසේ නැකැත් තරු බලාගෙන හාමිනේට කෑ ගසා කතා කළා. "හෝ... හාමිනේ... හනික එන්ට... මහා බරපතල වැඩක් වෙලා නොවැ."

හාමිනේත් දුවගෙන ආවා. "ඇයි... ස්වාමී... මක්වෙලාද?"

"අර බලන්ට... නැකැත් තරු අමුතු විදිහට පිහිටලා... මේ අනුව අපේ අලුත් රජ්ජුරුවෝ දැන් සතුරන්ගේ ග්‍රහණයකට මැදිවෙලා ඉන්ට ඕනෑ."

"ඉතින් ස්වාමී... දැන් ඔය පත්වෙලා ඉන්න පුරෝහිත බ්‍රාහ්මණයෝ ඔය වග දන්නේ නැද්ද?"

සොරුත් සමඟ යමින් සිටි රජ්ජුරුවන්ට අර බ්‍රාහ්මණයාගේ කතාව ඇහුනා. ටික දුරක් ගිය රජ්ජුරුවෝ "අනේ ස්වාමී... මං බොහෝම අසරණයෙක්. මා සන්තකව දැන් ඔච්චරයි තියෙන්නේ. අනේ මයෙ උතුරු සළුවවත් අරගෙන, අනේ මට යන්ට දෙන්ට" කියමින් බැගෑපත් වෙන්ට පටන් ගත්තා.

එය අසා සිටි සොර නායකයා "ඕං ඔය අසරණයාව අතෑරපං, ඕකට යන්ට දීපං... හා... හා... ඕං එහෙනම් තෝ පලයං... බේරුනා කියලා හිතාගං" කියලා රජ්ජුරුවන්ව නිදහස් කළා.

එතකොට රජ්ජුරුවෝ ආයෙමත් පුරාණ පුරෝහිතයාගේ නිවස මතක තියාගෙන ඒ ආසන්නයේ නැවතුනා. එතකොට බ්‍රාහ්මණයා මෙහෙම කිව්වා. "භවතී... හරි පුදුමයි නොවැ. අපේ රජ්ජුරුවෝ සතුරන් අතින් දැන් වෙද්දී නිදහස්ව ඉන්ට ඕනෑ."

එය ද අසා ගත් රජ්ජුරුවෝ රහසේ ම මාළිගාවට ආවා. රෑ ඉක්ම ගොස් එළිඋනාට පස්සේ පුරෝහිත බ්‍රාහ්මණයන්ව කැඳෙව්වා. "භවත් ආචාර්යපාදයෙනි, කිම... ඊයේ රාත්‍රියේ නැකැත් තරු පිහිටා තිබූ ආකාරය ගැන විමසා බැලුවා ද?"

"එහෙමයි, රජ්ජුරුවෙනි... අපි සැමදාම නැකැත් තරු ගැන හොඳට විපරමින් ඉන්නේ."

"හෝ... එහෙම නම් ඊයේ නැකැත් තරු පිහිටා තිබූ අයුරු ගුණදායකයි ද, අගුණදායකයි ද?"

"මහරජ්ජුරුවෙනි... හරි අගේට නකත්තරු පිහිටා තිබුනා. එයින් තමුන්නාන්සේට මහා ආසිරිවාදයක් ම යි පෙන්නුම් කොළේ."

එතකොට බෝධිසත්වයෝ අසවල් ගෙදර ඉන්න බ්‍රාහ්මණයාව වහාම කැඳවාගෙන එන්ට කියා අණ කළා.

ඒ පැරණි පුරෝහිත බ්‍රාහ්මණයාගෙනුත් අසා සිටියා.

"භවත් ආචාර්යපාදයෙනි, ඊයේ රාත්‍රී නකත්තරු පිහිටා තිබූ ආකාරය ගැන ඔබ සොයා බැලුවේ නැද්ද?"

"බැලුවා මහරජ්ජුරුවෙනි... බැලුවා... මට නම් මහා බරපතල කාරණාවක් ඒ නකත් තරුවලින් පෙන්නුම් කොළා."

"ඒ මොකක්ද ආචාර්යපාදයෙනි?"

"ඒ නැකැත්තරු මහා අමුතුම රටාවකට පිහිටා තිබුනේ. එතකොට මට නම් තේරුනේ ඊයේ රාත්තිරී නුඹ වහන්සේ සොරුන්ගේ ග්‍රහණයට හසුවෙලා හිට මොහොතකින් නිදහස් වූ බවයි. අනේ මන්දා. ඒ නැකැත් තරුවලින් පෙනී ගිය දේ මිසක්කා මං මේ කටින් හදා කියන බේගලයක් නොවෙයි රජ්ජුරුවෙනි."

එතකොට රජතුමා අනිත් බ්‍රාහ්මණවරු දෙස බලා මෙහෙම කිව්වා. "එම්බා බමුණනි, නැකත් ශාස්ත්‍රය දන්නවා කියන්නේ මේං මේ විදිහට නිවැරදිව කරුණු තේරුම් ගන්ට පුළුවන් හැකියාවට යි" කියා ඒ පැරණි බමුණාව යළි පුරෝහිත තනතුරට පත් කළා. මෙහෙමත් කිව්වා.

"ආචාර්යපාදයෙනි... මං ඔබගේ දැනුම ගැන බොහෝම සතුටු වුනා. කැමති වරයක් ඉල්ලන්ට."

"අනේ මහරජුනි... මං එහෙනම් ගෙදර ගොහින් ඒ ඇත්තන් එක්කත් කතාබස් කොරලා හිට වරය ඉල්ලන්නං" කියා ගෙදර පිටත් වුනා. සිය බිරිඳත් පුත්‍රයාත් ලේලියත් දාසියත් කැඳවා මෙහෙම කිව්වා.

"ඊයේ රාත්තිරී මං කියාපු කාරණේ ගැන අපේ රජ්ජුරුවන්ට කීවා. එතකොට උන්නාන්සේ බොහෝම මං ගැන ප්‍රසන්න වුනා. කැමැති වරයක් ඉල්ලන්ට කීවා. මොකක්දෑ අපි ඉල්ලා ගන්නේ?"

එතකොට බිරිඳ මෙහෙම කීවා. "අනේ මෙයා.. එහෙනම් මට හොඳ කිරි එළදෙන්නු සීයක් ඕනෑ ඕං."

පුත්‍රයා මෙහෙම කීවා. "අප්පච්චි... එහෙනම් මට... කුමුදු මලේ සුදු පැහැගත් සෛන්ධව අශ්වයන් යෙදූ ආජානේය රථයක් ඕනෑ."

ලේලි මෙහෙම කීවා "අනේ මාමණ්ඩී... මට නං ඕං... මිණි කොඩොල් අබරණවල සම්පූර්ණ කට්ටලයක් ම ඕනෑ."

"හා... එහෙනම්... උඹත් කියාපං බලන්ට. උඹට මොනාද ඕනෑ?" කියා බ්‍රාහ්මණයා දාසියගෙන් ඇසුවා.

"අනේ ස්වාමී... මට නම් හොඳ වර්ගයේ වංගෙඩියකුයි මෝල් ගසකුයි තියේ නම් ඒ ඇති."

"මට නම් බොලේ ගම්වරයක් ගන්ටයි ආසා" කියා බ්‍රාහ්මණයා කීවා.

ඊට පස්සේ බ්‍රාහ්මණයා මහා සතුටින් මාළිගාවට ගිහින් රජ්ජුරුවෝ බැහැ දැක්කා. "මොකද බ්‍රාහ්මණය, අඹුදරුවන්ගෙනුත් වරය ගැන අසා බැලුවා ද?"

"එහෙමයි මහරජ්ජුරුවෙනි, කෝ කාටවත් තනි කැමැත්තකට එන්ට බැරිවුනා නොවැ" කියා මේ ගාථාව පැවසුවා.

(1)

මහරජුනේ අපි ඔක්කොම එක ගෙදරක කළත් වාසය
කැමැත්ත එක දේකට නෑ
- වෙන වෙන දේවල්වලට යි ආසා
මං ගම්වරයකට යි ආසා
හාමිනේට කිරි එළදෙනුන් සීයක් ම යි ඕනෑ

(2). සෛන්ධ අසුන් යෙදූ කුමුදු පැහැ ඇති
ආජානේය රථයලු පුතුහට ඕනෑ
රන් මිණි කොඩොළින් සැරසූ
ආභරණ කට්ටලයක් ලේලියටත් ඕනෑ
නීච උනත් පුණ්ණා දාසියටත්
හොඳවයින් මෝලකුයි වංගෙඩියකුයි ඕනෑ

පුරෝහිත බ්‍රාහ්මණයා මෙය කියූ විට බෝසත් රජ්ජුරුවෝ සිනා සිසී "හා... හොඳා... හොඳා... එහෙනම් අපගේ මේ බ්‍රාහ්මණයා ඉල්ලන ඉල්ලන ඒ හැමදෙයක් දෙන්ට" කියා අණ කරමින් මේ ගාථාව පැවසුවා.

(3). බොහොම අගෙයි, බමුණා හට ගම්වරය යි
බැමිණිය හට කිරි එළදෙන්නු ම සියයයි
පුතු හට සුදු අසුන් යෙදූ ආජානේය රථයයි
ලේලියහට රන් අබරණ කට්ටලයයි
පුණ්ණා දාසියටත් එහෙනම්
හොඳවායින් මෝලයි වංගෙඩියයි දෙන්ට ම ඕනෑ

ඉතිං මහණෙනි, එදා ඒ රජ්ජුරුවෝ බ්‍රාහ්මණයාට ඉල්ලූ සියලු දේ ම දුන්නා. තවත් මහා යස ඉසුරුත් දුන්නා. අපගේ රාජ්‍යයේ කටයුතුවලටත් අපට උදව් ඕනෑ කියා රජ්ජුරුවෝ බමුණාව තමා ළඟින් ම තියාගත්තා.

මහණෙනි, එදා බ්‍රාහ්මණයා වෙලා සිටියේ අපගේ ආනන්දයෝ. රජ්ජුරුවෝ වෙලා සිටියේ මම" යි කියා භාග්‍යවතුන් වහන්සේ මේ ජාතකය නිමවා වදාළා.

10. සීලවීමංස ජාතකය
සීලයේ අනුසස් විමසූ බමුණාගේ කතාව

පින්වතුනේ, පින්වත් දරුවනේ,

මේ ලෝකයේ බොහෝ අය එකිනෙකාට ගරු කරන්නේ යටහත් බවක් දක්වන්නේ ඔවුන් තුළ ඇති සිල්වත්බව නිසයි. යම් දවසක ඔවුන් වැරදි කාම සේවනය, සොරකම් කිරීම් ආදියෙන් යුක්ත වුනොත් එදාට ඔවුන්ගේ පිළිගැනීම නැතිව යනවා. නමුත් ලෝකයේ තවමත් ගරුසරු ලබන්නේ සීලය ම බව බැලූ බැල්මට පෙනෙන්නේ නෑ. ඒ ගැන විමසන්ට ගිය බ්‍රාහ්මණයෙකු ගැනයි මේ කතාවෙන් කියවෙන්නේ.

ඒ දිනවල අපගේ භාග්‍යවතුන් වහන්සේ වැඩ වාසය කළේ සැවැත්නුවර ජේතවනයේ.

ඔය කාලේ කොසොල් රජ්ජුරුවන් ඉතා ආදරයෙන් සත්කාර කළ බමුණෙකුට මෙහෙම සිතුනා. 'හැබෑටම රජ්ජුරුවෝ මට සලකන්නේ මගේ පාණ්ඩිත්‍යයට ද? දැන උගත්කමට ද? නැත්නම් මගේ කිසියම් සිල්වත්කමකට ද?' කියලා. මෙහෙම සිතලා මේ ගැන විමසන්ට ඕනෑ ය යන අදහසින් දවසක් මාළිගාවට ගිහින් එන අතරේ රන් තැටියක තිබූ කහවණුවක් අරගත්තා. රන්කරුවා එය දැකත් ගරුසරු දක්වමින් නිහඬව සිටියා. දෙවැනි

දවසේත් නිහඬව සිටියා. තුන්වෙනි දවසේ ඒ බමුණාට නින්දා කොට රජ්ජුරුවන් ළඟට ගෙන ගියා. එදා බමුණා තමා එය කළේ සොරකම් කිරීමට නොව සීලයට ඇති තැන විමසා බලන්ට යි කියා රජ්ජුරුවන්ට කියා සිටියා.

මේ ලෝකයේ සීලය ම යි උතුම් දේ කියා රජ්ජුරුවන්ගෙන් අවසර ගෙන බුදු සසුනේ පැවිදි වුනා. ටික කලකින් රහතන් වහන්සේ නමක් බවට පත් වුනා.

මේ ගැන දම්සභා මණ්ඩපයේ රැස්වූ භික්ෂූන් කතා කරමින් සිටි අවස්ථාවේ එතැනට වැඩම කොට වදාළ අපගේ භාග්‍යවතුන් වහන්සේ මේ අතීත කතාව ගෙනහැර දක්වා වදාළා.

"මහණෙනි, ගොඩාක් ඉස්සර කාලෙක බරණැස්පුරේ බ්‍රහ්මදත්ත නම් රජ්ජුරු කෙනෙක් රාජ්‍ය කරමින් සිටියා. ඔය කාලේ බරණැස් රජ්ජුරුවෝ එක්තරා බ්‍රාහ්මණයෙකුට ඉතාමත් ගරු සරු දක්වා ආදරයෙන් සැලකුවා.

ඒ බ්‍රාහ්මණයා තමන්ට රජ්ජුරුවෝ මෙතරම් සලකන්නේ තම උගත්කමට ද, තම සිල්වත්කමට ද කියා විමසා බලන්ට හිතුවා. දවසක් මාළිගයට ගිහින් එන අතරේ රන් තැටියෙන් කහවණුවක් අරගත්තා. රන්කරුවෝ මොකුත් කීවේ නෑ. දෙවෙනි දවසෙත් මොකුත් කීවේ නෑ. නමුත් තුන්වෙනි දවසේ රන්කාසිය ගනිද්දී "මේං... හොරෙක් හොරෙක්!" කියා කෑ ගසා රජ්ජුරුවන් ළඟට කැඳවාගෙන ගියා. බමුණාව ගෙන යන අතරමග අහිගුණ්ඨිකයෙක් නාගයෙකුව පෙළමින් ඉන්නවාත් දැක්කා. රජ්ජුරුවෝ බ්‍රාහ්මණයාගෙන් "භවත් ආචාර්යපාදයෙනි, ඇයි මේ වගේ දෙයක් කළේ?" කියා ඇසුවා.

"මහරජ්ජුරුවෙනි, මට මගේ දෙමාපියන්ගෙනුත් බොහෝ දේපල වස්තුව ලැබී තියෙනවා. නුඹ වහන්සේ දුන් සම්පත් ඕනෑ තරම් තියෙනවා. මට මෙතරම් සලකන්නේ ඇයි ද කියන කාරණය ගැන විමසන්ට සිතුනා. මගේ උගත්කමට සලකනවා ද, නැත්නම් මගේ සීලයට සලකනවාද? කියලා. අද මට තේරුනා මේ සේරම සැලකිලි තියෙන්නේ සීලය මත ම යි කියලා." මෙසේ පැවසූ බ්‍රාහ්මණයා මේ ගාථාවන් පැවසුවා.

(1). ලොව තියෙනා සොඳුරු ම දෙය සීලය යි
ලොවෙහි අනුත්තර වූ දෙය සීලය යි
අහිගුණ්ඨිකයා නටවන ඝෝර විෂැති නයා වුනත්
හිංසා නොකරන්නේ සීලය නිසයි

(2)

ලොවේ සොඳුරු දෙය ලෙස අනුමත වූයේ සීලයයි
මා සමාදන්ව ඉන්නේ දැන් ඒ උත්තම සීලයයි
උතුම් ගුණෙන් යුතු වී සංවරයෙන් සිටින කෙනා
සීලවන්තයා කියලයි කවුරුත් පවසන්නේ

(3)

නෑයන් හට ප්‍රිය වන්නේ සිල් ගුණදම් ඇති කෙනාය
මිතුරන් මැද බබළන්නේ සිල් ගුණදම් ඇති කෙනාය
අවසන් කොට මිනිස් දිවිය මරණෙට පත්වෙන විටදී
දෙව්ලොව උපතට යන්නේ සිල් ගුණ දම් ඇති කෙනාය

ඉතිං ඒ බ්‍රාහ්මණයා මේ විදිහට සීලයට ප්‍රශංසා කොට මෙහෙම කිව්වා. "මහරජ්ජුරුවෙනි, අද මා විසින් පරීක්ෂා කොට තේරුම් ගත්තා. මේ ලෝකේ ජාති කුල ගෝත්‍රයෙකින් කෙනෙක් උතුම් වෙන්නේ නෑ. සීලය ම යි උතුම්. ඒ නිසා මහරජුනි, මට අවසර දෙන්ට. මං මේ

සීලය ම උත්තම ආකාරයෙන් රකින්ට ඕනෑ" කියලා රජතුමා එහෙම කරන්ට එපා කියා නැවත නැවතත් කියද්දී ගිහි ජීවිතේ අත්හැර හිමාලයට ගොසින් ඍෂි පැවිද්දෙන් පැවිදි වෙලා ධ්‍යාන අභිඥා උපදවාගෙන මරණින් මතු බ්‍රහ්ම ලෝකයේ උපන්නා.

මහණෙනි, එදා ඒ සිල් විමසූ බ්‍රාහ්මණයා වෙලා සිටියේ මම" යි කියා මේ ජාතකය නිමවා වදාළා.

සතරවැනි අබ්භන්තර වර්ගය යි.

මහාමේඝ ප්‍රකාශන

www.ingramcontent.com/pod-product-compliance
Lightning Source LLC
Chambersburg PA
CBHW070543030426
42337CB00016B/2334